秒变高情商

宋一鸣◎著

管理好情绪

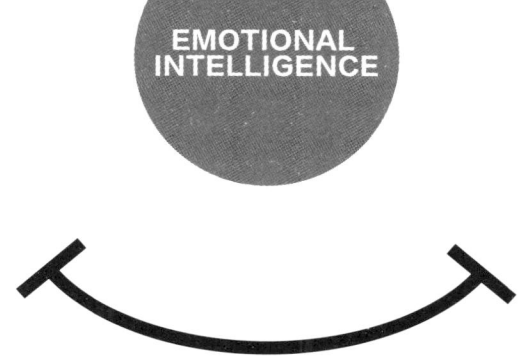

EMOTIONAL
INTELLIGENCE

台海出版社

图书在版编目（CIP）数据

管理好情绪，秒变高情商 / 宋一鸣著 . –– 北京：
台海出版社，2019.5

ISBN 978-7-5168-2314-9

Ⅰ . ①管… Ⅱ . ①宋… Ⅲ . ①情绪－自我控制－通俗
读物 Ⅳ . ① B842.6-49

中国版本图书馆 CIP 数据核字（2019）第 061480 号

管理好情绪，秒变高情商

著　者：宋一鸣

责任编辑：王慧敏　赵旭雯
责任印制：蔡　旭

出版发行：台海出版社
地　　址：北京市东城区景山东街 20 号　邮政编码：100009
电　　话：010 － 64041652（发行，邮购）
传　　真：010 － 84045799（总编室）
网　　址：www.taimeng.org.cn/thcbs/default.htm
电子邮箱：thcbs@126.com

经　　销：全国各地新华书店
印　　刷：天津旭非印刷有限公司
本书如有破损、缺页、装订错误，请与本社联系调换

开　　本：880 毫米 × 1230 毫米　1/32
字　　数：168 千字　　　　　　印　　张：7.5
版　　次：2019 年 11 月第 1 版　　印　　次：2019 年 11 月第 1 次印刷
书　　号：ISBN 978-7-5168-2314-9

定　　价：45.00 元

版权所有　侵权必究

前　言

我们生活在情绪中，感受着情绪，也改变着情绪。

谈到情绪，可讲的内容有很多，与其相关的一个最重要内容就是情商。关于情商，市面上讲述大道理的书籍比比皆是。那些饱含情商知识的心灵鸡汤也数不胜数，但具体到如何切实提高情商，真正讲到重点的人却并不多。

情绪管理是情商培养的重要部分，如果说一个人能否学有所成，依靠的是智商水平，那一个人能否成功，很大程度上就要依靠情商水平。

美国心理学家戈尔曼认为，情商主要包含五个内容。第一是认识自身情绪，第二是管理自身情绪，第三是自我激励，第四是认知他人情绪，第五是人际关系管理。

这五个内容都围绕情绪展开，从认识情绪到管理情绪，再到识别情绪、应用情绪，可以说情商包含了与情绪相关的绝大多数内容。所以说，做好了情绪管理，情商也会自然提高。

我们会遇到各种各样的情绪问题。不懂得察言观色，一味忍让怯懦，长时间抑郁焦虑，经常会冲动愤怒，这些问题看上去彼此独立，实际上却都是我们的情绪管理出现了问题。没有管理好情绪，会让我们的工作生活变得一团糟。

管理好情绪，我们的能力才会有所提升，管理好情绪，我们的情商才会不断提高。

管理好情绪的重要性不仅体现在自我价值的提升上，还体现在人际关系方面。情绪是会传染的，当你处于快乐情绪中时，与你交往的人也会同样感受到快乐和温暖。当你处于悲伤情绪中时，与你交往的人也会感到难过和悲伤。

消极情绪会带给别人，别人的消极情绪也会影响我们。只有做好情绪管理，才能避免向别人传递负面情绪，更能避免被别人的负面情绪影响。

在介绍情绪管理方法时，本书梳理了不同类型的负面情绪，力求让读者对不同的负面情绪产生清楚的认识。有时，我们会模糊不同情绪之间的界限。

以"善良"为例，在人际交往中，善良是美德，应该得到提倡和发扬。但如果对任何人、任何事都始终忍让，就会模糊了善良和软弱之间的界限。"人善被人欺"正是这种错误的最终结果。

正因为这种存在现象，我们才在介绍情绪管理方法前，对不同情绪表现进行区分。

但是，人的情绪往往很复杂，在某一时间可能会同时出现多种不同情绪。这种时候，就要对这些情绪进行集中管理，只有彻底消除负面情绪，才能真正获得快乐健康的人生。

情绪管理能够短时间内改善情绪，但提高情商并不是一朝一夕就能做到的事情，不能怀有急于求成的心理。

最后，希望这本情绪管理书籍能够帮助读者提高情绪控制能力以及情商水平。希望每一位读者都能够成为情绪的主人，掌控好情绪。

Contents
目　录

第一章

情商高的人，不为小事动摇

　　敏感的人会比较注意身边的风吹草动，任何一点小事都会引起他们的关注和不安。原本一件很不起眼的事情，在其他人看来，根本无关痛痒，但在敏感的人眼中，这件事就如山呼海啸一般。这种敏感状态很容易让小事变成大事，好事变成坏事，最终产生负面影响。

高情商从情绪管理开始

什么样的人才算情商高？有人说情商高的人，都善于察言观色、看人下菜、见风使舵；有人说情商高的人，都善用谋略，能够将他人玩弄于股掌之间；也有人说情商高的人，都能忍辱负重、把握机会，等到时机成熟后绝地反击。

按照第一种说法，和珅应该算是高情商的代表。他正是通过察言观色，得到了乾隆皇帝的赏识，积累了巨额财富。

按照第二种说法，司马懿应该是高情商的代表。通过多年的苦心经营，"熬死"了曹操，也"熬死"了曹丕之后，司马懿成为最后的赢家。

按照第三种说法，越王勾践也应该是高情商的代表。他正是依靠多年来的卧薪尝胆和励精图治，才打败了吴王夫差成为春秋霸主。

这样来看，在高情商的人身上，似乎很难找到统一的品质或标准。这样也算高情商，那样也算高情商，没有一个统一的标准，这还怎样去向着高情商努力呢？

如果想要提高情商，大可不必在成功人士身上寻找特质。因为情商本就不是固定的技能或是能力，更多时候，它只是个人情绪、意志等方面的品质。所以说，能够科学管理自己情绪和意志品质的人，就是高情商的人。

情商不同于智商，智商存在较多先天性的成分，而与情商相关的，更多是后天性成分。人与人的情商在先天时并没有明显的差别，但随着后天的发展，在后天性成分的影响下，人与人情商开始逐渐拉开差距。

这里所说的后天性成分，在智商方面更多表现为学习或读书活动，而在情商方面，则主要是情绪控制能力。

从简单意义上来讲，提高情商就是将那些不能控制的情绪部分，转变为可以控制的情绪。在此基础上，再去增强理解他人和与他人相处的能力。

"情商之父"丹尼尔·戈尔曼认为，情商主要包括五个主要内容。

察觉情绪是情商的核心。其主要表现是监视自身情绪的变化，察觉到某种情绪出现之后，观察自己内心世界的体验。

管理情绪需要在察觉情绪的基础上进行，其主要表现为调控情绪，从而让情绪的表现能够适时适度，而不是毫无征兆和节制。

激励情绪也是情商的重要组成内容。这一情绪能力主要是根据某种特定的目标来调动、指挥情绪。也属于掌控情绪的能力。

识别情绪是一个人与他人展开正常交往、实现顺利沟通的基础。具体表现为个人能够通过一些细微的信号，来感受到他人的需求和意识。

社会交际能力主要是指通过调控自己和他人的情绪，来促进人际关系和谐。

从戈尔曼的总结中可以发现，所谓情商，就是情绪管理的一系列环节流程。能够合理管控情绪的人，就可以算作情商高的人。

情绪是需要管理的，不同的人在管理方法上也会有所不同。人们的情绪，哪怕是影响情绪的刺激因素完全一致，不同的人在生理上的感受也是完全不一样的。个体在主观上的理解偏差，能够导致完全不同的情绪体验。

1962 年，沙赫特和辛格进行了"情绪产生实验"。他们给三组大学生注射了肾上腺素，使他们处于相同的生理唤醒状态中。他们告诉第一组大学生注射这种药物之后可能引起的正常反应，告诉第二组大学生注射这种药物产生的错误反应，告诉第三组大学生注射这种药物不会产生任何反应。

这些大学生被带入了两种实验情境中，第一种实验情境是愉快的情境，而第二种实验情境是惹人发怒的情境。在经历过两种情境之后，观测三组被试大学生的反应。结果显示，第二、三组大学生在愉快情境中，表现出了愉快的情绪，在愤怒情境中表现出了愤怒的情绪。而第一组大学生在两种情境中表现得都很冷静。

这是因为第一组大学生能够正确估计和解释被注射肾上腺素后的真实生理反应。而第二、第三组大学生对被注射肾上腺素后的真实反应存在认知上的错误，所以他们的情绪才会随着环境的变化而改变。

通过这一实验，沙赫特和辛格认为情绪是认知过程、生理状态和环境因素共同作用的结果。在这三种因素中，认知因素对情绪的产生起关键作用。

从上面三个因素可以看出，认知过程和生理状态因素都是个体可以控制的，因此，情绪也是可以通过改变这些因素来管理和控制的。当然，没有人可以百分之百地掌控每一种情绪。也正因如此，在评价情商时，也很难像智商一样去精确度量其数值。

虽然没有办法用数值去度量情商的高低，但一些行为表现却可以被看作是情商高的体现。比如尊重人格尊严、自信而不自傲、与身边人友好相处、能够承受困难和压力等表现，这些都可以作为情商高的体现。

在认知过程、生理状态和环境因素的影响下，人们会很容易出现情绪波动。这种情绪波动可以表现为愤怒、焦虑、抱怨、嘲讽等不同形式，这些负面情绪不仅不能解决眼前的问题，同时还会让事态越来越坏。

富兰克林曾说："任何人生气都是有理由的，但很少有令人信服的理由。"控制不住情绪，经常表露出负面情绪，正是低情商的表现。这不仅不利于他们人际交往活动的展开，也不利于其自身的身心健康。

高情商的人善于控制情绪，在大多数情况下，都能够保持头脑冷静，采取任何行动都会有理有据。在这些高情商者心中也有冲动，也有愤怒，只不过他们能够更好地控制负面情绪。

想要有更高的情商，那就为你的情绪增添一扇"安检门"，别让负面情绪随意出入。

高情商就要不畏"风吹草动"

东晋时期，秦王苻坚统一了中国北部。公元 383 年，苻坚率领 80 万大军进攻晋朝。晋朝只派出谢安和谢玄带领 8 万士兵应战。所有人都认为这是一场毫无悬念的战争，但没想到在洛涧地区，苻坚的 25 万先头部队却被晋军击败。

得知兵败后，苻坚和其弟苻融登上寿阳城头，观察驻扎在淝水对岸的晋军。当时正是阴天，隆冬时节淝水上空灰蒙蒙一片。在城头山，苻坚看到晋军营帐整整齐齐地排成一排，军容整齐威武。再向远处看，八公山上似乎还隐藏着数不清的晋军士兵。

忽然之间，一阵狂风吹过，八公山上的草木晃动起来，在苻坚看来，就像无数士兵在操练。苻坚顿时面如土色、惊恐万分。

这一段描述出在《晋书·苻坚载记》，与晋军交战前，苻坚因为将山上的草木当作士兵，错误估计了晋军的兵力。此后又因为谢玄的激将法，而输掉了淝水之战。80 万大军被 8 万晋军打得落花流水，苻坚的前秦政权也因此瓦解。"草木皆兵"这一成语也是由此而来的。

符坚之所以会将草木当作士兵，一方面是因为此前战败的影响，另一方面则是符坚太过在意身边的风吹草动了。作战前，符坚就知道晋军的军事力量并不强大，也正是因此，他才敢于大兵压境发兵攻晋，但却被这一丝风吹草动影响了判断，贻误了战局。

一般来说，敏感的人会比较注意身边的风吹草动，任何一点小事都会引起他们的关注和不安。原本一件很不起眼的事情，在其他人看来，根本无关痛痒，但在敏感的人眼中，这件事就如山呼海啸一般。这种敏感状态很容易让小事变成大事，好事变成坏事，最终产生负面影响。

敏感虽然会带来负面影响，但需要明确的是，敏感这种性格特质并不是缺点。它与其他特质一样，都需要用两分法去看待。性格特质往往不存在完全的好，也不存在绝对的差，关键在于如何应用和回避。

高情商的人懂得敏感带来的负面影响，也知道如何回避。高情商的人很少表现出敏感的特质，外界的风吹草动也很少能影响他们。并不是他们不去关注这些风吹草动，而是他们懂得放下。

敏感的人会被情绪左右，遇事容易小题大做，对于生活中的小事也会耿耿于怀，这些都是放不下的表现。敏感的人总是拒绝改变自己，无论是情绪心情，还是做事方式，都很难改变，这就使得他们没有办法放下，没有办法从新的角度看待世界。所以他们的世界往往还是充满了风吹草动和七零八碎的小事。

高情商的人很擅长调整心态，他们会通过这种方式来排遣内心的烦恼。想要做到这一点，不仅要学会宽容和忍让，还要学会理解和尊重，而最重要的一点是要学会忘掉那些琐碎的小事和无端的困扰。

　　每个人都会面对烦恼，很多人面对的烦恼很大程度上还都是相同的。但从结果上来看，有些人的烦恼很快便消除了，而有些人却始终保持着烦恼。究其原因，是因为每个人面对烦恼时的态度和思考是不同的。

　　一位妇人经常因小事生气，和邻里的关系闹得很僵。她想改掉这种习惯，却怎么也改不了。在朋友的推荐下，她来到一座寺庙来寻求高僧的帮助。

　　妇人向高僧说出了自己的情况，高僧没有回复，只叫妇人跟自己到柴房中。妇人心中犯着嘀咕，却依然跟高僧来到柴房。来到柴房后，高僧迅速将房门上锁，转身离开了柴房。被锁在柴房中的妇人生气大骂，高僧却头也不回。

　　等到妇人的骂声停歇，高僧来到门外，问道："你现在还生气吗？"妇人回答说："我只是在生自己的气，我怎么会来这种鬼地方？""连自己都不能原谅的人，还怎么去原谅别人呢？"高僧转身离开。

　　过了一段时间，高僧又来到门外，问道："现在还生气吗？"妇人答道："我现在不生气了，因为这样不值得。""还知道不值得，看样子气根还在。"高僧依然没有给妇人开门。

　　又过了一段时间，高僧又问了妇人同样的问题。妇人反问高僧："大师，究竟什么才是气呢？"高僧一边笑，一边将手中的茶水倾倒在地上。妇人看了很久，若有所思，连连叩谢。

我们并不值得为那些无关痛痒的风吹草动而大动干戈。为了琐碎小事而大发雷霆，就是在惩罚自己，最终受害的也只有我们自己。正如上面的妇人一样，她在还没有搞清楚事情缘由时，就大发雷霆，到最后，连她自己都不知道为什么要生气，为什么要抓着这件事情不放。

高僧的做法给了妇人答案，学会放下，将烦恼倾倒出去，才是正确的人生态度。英国作家狄斯雷利说过："为小事生气的人，生命是短暂的。"那些将时间和精力都聚焦在小事上的人，不仅不会获得快乐和解脱，还会比其他人更早地离开人世。这并不是危言耸听，敏感的人难以控制情绪，这不仅会影响周围的人际关系，同时还会影响身心健康。

每个人的精力都是有限的，应该将其放在紧要的事情上。不要身边一出现风吹草动，就过分紧张，也不要对身边细枝末节的小事紧抓不放。想要拥有高情商，就要从学会放下开始做起。放下不足为道的小事，做好重要紧急的大事，这才是正确的办事之道。

别太在乎他人的评价

有一个学生，是校园里公认的歌星。无论哪种风格的歌曲，经过他的演唱，都会悦耳动听，别有一番风味。一次，省城举办高校歌手大奖赛，他代表学校参加比赛。因为以往几届比赛的优异成绩，他连预赛都没有参加，直接晋级淘汰赛阶段。

正常来说，凭借他的实力，顺利进入决赛，拿到冠军并不是难事。但由于身体状况欠佳，他在第一场淘汰赛中完全没有发挥出水平，连决赛资格都没有获得。比赛结束后，很长一段时间他都郁郁寡欢。

比赛过后，他一次次找到声乐老师，解释自己比赛当天身体不适，嗓子发炎的情况。声乐老师很清楚他的情况，安慰他不要在意一次比赛的输赢。但他仍然每次逢人就说自己因为身体原因发挥失常这件事情，久而久之，大家都纷纷远离了他。

一个人如果太在意别人的想法，就会失去自我，同时也会失去其他人的关注。故事中的学生正是因为太在乎别人的看法，所以始终将自己的不佳表现挂在心上，到处向人解释，生怕别人误会了自己。

在生活中，有很多这样的人。他们太在意别人的看法，将自己搞得很敏感。其实，只要换位思考就会发现，很多事情在别人生活中只是一个小插曲，他们可能在哈哈一笑之后，就将这些事情忘得一干二净了。最后紧抓着这件事情不放的，只有敏感的当事人而已。

一个人太敏感，就会很在乎别人的看法和评价。这是不健康的心理特质，有些人将在乎别人看法当作关心他人、顾全大局的表现，这更是错误的想法。每个人都是在为自己而活，如果太在乎别人的看法，就会活成别人的样子。

太在乎别人的看法，会为自己带来很多不利影响。

一个人如果太在乎别人的看法，就会压制内心的真实想法，长此以往就会失去主见。如果真实想法得不到表达，又会让精神受到压抑，从而影响身心健康。

太在乎别人看法的人，不管做什么事，都会畏首畏尾。他们害怕自己完不成、做不好手头的事情，实际上这只是他们想得太多。畏首畏尾地办事也会给别人留下糟糕的印象，更会让心情抑郁，会大大影响工作效率。

如果时时刻刻关注别人的看法，会使得自己不论在做什么事情前，都会先去询问别人的意见。这样不仅会压抑自己的想法，还会错失很多宝贵时机。如果什么事情都需要他人来做决定，那我们又和机器有什么区别呢？

太在乎别人的看法，也会浪费自己的宝贵时间。一些敏感的人会在出门前，三番五次地打扮自己，不断自问"我这样可以吗？别人会怎么说我呢？"这样不仅会浪费很多时间，也会慢慢失去自己的个性。

太在乎别人的看法，很难有所作为。这并不是绝对的论断，但在很大程度上是正确的。时刻关注别人的看法，就会为自己的人生设置许多条条框框，在这些条框中生活，怎能突破？太在乎别人看法的人，很难有时间思考自己的事情，更不会有时间更深层次地发掘潜能。

从上面的论述中可以看出，太在乎别人的看法和评价并不是一件好事，这种想法会成为我们前进路上的绊脚石。因此，想要继续前行、走向成功，我们就应该尽快扫除这个障碍。做到这一点就要搞清楚，我们到底是为谁而活，我们所做的事情到底是为谁而做。

这些问题并不难回答，我们是为自己而活，我们所做的事情是为了自己而做的。也许有人会认为这是自我主义的人生观，但请仔细想一想，无论我们做事的目标是什么，最后受益或受损的对象都是我们自己。这一点是无可争议的。

即使我们要将人生奉献给伟大的公益事业，一个最基本的起点也是做好自己。拥有了自我才能去改变和影响别人，所以从这一个角度来看，太在乎别人的看法和评价是毫无意义的。

当然，完全不在乎别人也不行，从万物互联的角度来讲，个体只有在集体中才能更好地发挥作用。这就要求我们有选择地在乎，父母至亲的忠告自然要在乎，师长朋友的评价也需要在乎，真正爱我们的人的想法也应该在乎。

但这种在乎是有限度、有选择的，其限度就是保有自我决断的能力，其选择就是接受正确有益的忠告。

夏目是当红的音乐创作才女，她凭借着优秀的词曲创作和音乐演唱能力，收获了大量粉丝。虽处于演艺事业的高潮，她却有些迷茫和不安。由于唱片销量的低迷，经纪人认为她的音乐风格应该改变一下，跟上当前潮流。公司老总则认为她应该多参加真人秀节目，塑造好自己的"人设"。身边的朋友则认为她应该利用手中的钱，多进行些商业投资，开个明星餐厅，或者投资实体产业。

夏目不知道该相信谁，该怎么做，也不知道该向哪走，迷茫的她只得向父母寻求帮助。父亲给她的忠告很简单，"做你自己就好了，和之前一无所有一样就好。"夏目听了父亲的话之后回忆起自己抱着吉他学唱歌的画面，也回忆起自己曾经的追求与梦想，最重要的是找到了自己应该前进的方向。

任何人都会有迷茫和困惑的时候，遇到自己解决不了的问题，寻求他人帮助是很好的方法。但寻求帮助并不意味着放弃自我，在人生的舞台上，重点永远都是自己，不要将他人的价值标准放在自己身上，更不要让他人的想法左右自己的选择。

其实，大多数人并不会在意我们，每个人都有自己的事情要做，根本没有时间将注意力全放在他人身上。只有我们自己会一天24小时关注自己，也只有我们自己能够决定自己的未来。

别太在乎别人的看法，那真的不重要。与其活在别人的评价里，不如活在自己创造的世界里。不要轻信别人的奉承，也不要在意别人的恶语，自己才是自我的主宰。

盲目否定自己是敏感的表现

　　敏感的表现有很多，盲目否定自己就是其中的重要表现。人际交往中，有些人在遇到争执或纠纷时，还没有搞清楚缘由，就盲目认为是自己存在问题。这种盲目自我否定的行为，会让他们处于被动位置，即使是有理，也会变得无理。

　　盲目否定自己不仅是因为敏感，这之中还有自卑的因素。自卑就是对自我的否定，自卑的人会始终盯着自己的短处，忽视长处。他们会因情绪而低落，对自己存在偏见，遇到事情总是内疚自责。

　　自卑是性格缺陷，盲目否定自己也是一样。每个人或多或少都会存在一些自我否定的情况，只不过在程度上存在轻重的分别。盲目否定自己的危害是极大的，这种危害不仅表现在身体上，还会表现在心理上。

　　盲目否定自己会影响身体健康。盲目否定自己，会让人在生理方面发生变化。这种变化虽不明显，却是持续进行的。久而久之，就会造成各种器官受损，产生各种疾病。

　　盲目否定自己会影响心理健康。盲目否定自己会让人产生不良情绪，如果一个人长期处于不良情绪的支配之下，就会产生心理问题，甚至心理障碍。

盲目否定自己会影响人际交往能力。盲目否定自己会让人逐渐失去人际交往能力，不能正确认识身边的问题，很难与人正常相处。

在日常生活中，盲目否定自己的现象十分常见。不同的人在否定自己时的表现会有所不同，但无一例外，这些盲目否定自己的人都没有正确认识自己。

小清是个勤劳的女孩子，大学期间通过羽毛球社团活动认识了男友。此后，小清就将男友的所有生活杂事都包揽了。小到男友需要换洗的衣服袜子，大到男友毕业后的志愿选择。对于小清的付出，男友从来没做出任何表示。

大学毕业，小清和男友并没像其他恋人那样，因为工作关系而劳燕分飞。他们毕业前夕决定留在学校所在的城市。毕业后，两个人就分别搬到了校外。

从毕业找房子，到整理行李和搬家，都是小清一个人全部解决。男友则在四处寻找合适的工作。很多朋友都认为两个人会长久地在一起，小清也认为自己会和男友走入婚姻的殿堂。可不到半年，男友就向小清提出了分手，理由是他已经不爱小清了。

分手之后，朋友都在为小清打抱不平，小清却不吵不闹，将自己关在房里。朋友百般劝说，小清才走出房间。见到朋友后，小清并没有说男友的坏话，而是一直在强调是自己不好，自己没有做好，所以才会让男友不爱自己了。小清的话让朋友不知所措，不知道何安慰她。

分手后，小清并没有仔细询问男友不爱自己的原因，而是盲目否定自己，认为是自己不够好才让男友不爱自己。这正是典型敏感性格的表现。从故事中可以看出，在两个人的关系中，小清始终是付出的一方，不仅把自己的事情处理得井井有条，还把男友的事情整理得规矩到位。小清并不是真的不够好，只是她自己认为不够好而已。

我们无法猜测小清男友分手的真正原因是什么，但可以明确的是，在这段关系中，小清做得是很到位的。所以小清盲目否定自己是错误的，并不符合实际情况。小清盲目否定自己的行为也让她在感情中处于被动，这并不是正常的感情关系。

在人际交往中，小清这种年轻人常被称为"自我否定型青年"。这些青年在自我意识中，对现实中的自我认识过低，对自我持排斥态度。从具体表现上来看，这种青年在主观上缺少自我控制能力，对理想实现常抱有消极态度。一旦遇到挫折和失败，首先贬低自己，长此以往，便会形成自卑型人格。

小清也存在自卑型人格，但又并不完全属于"自我否定型青年"。小清盲目否定自我的行为更多来源于敏感，对于爱情总是患得患失，所以任何事都包揽在自己身上。也许正是因为小清的这种敏感性格，才导致了最终的分手。

在特定情况下，否定自己并没有错。否定自己也是自我反省的表现，当一项决策执行时遇到困难，将原有计划推倒重新规划，保证任务顺利进行，这种自我否定是完全正确的。

每个人都应该善于否定自己，但不能盲目否定。对于这一点，柳传志曾说："人们都是根据经验表达对某些事物的看法，思想有可能片面，有可能拘泥，因此需要否定自己，才能获得新生，才是真正的凤凰涅槃。要敢于否定自己，但也不能盲目否定，还是要想办法把事情真正弄明白，什么该否定，什么不该否定。"

盲目否定自己是性格缺陷，同时也是敏感的表现，想要克服这种行为，可以从以下一些方面尝试：

第一方面，要正确认识自己的优缺点。盲目否定自己的人往往没有正确认识到自己的优点和缺点，改变这一点，就要首先将优点和缺点分清楚。拿出纸笔，试着将自己的优点和缺点罗列出来，每天拿出来看一看，时间一长，我们就会形成对优点和缺点的正确认知。这样，也不会因为遇到一些挫折，就敏感地认为自己有问题。

第二方面，不要总活在别人的评价中。每个人都是容易受到影响的，他人的看法和评价会影响我们的判断。不要太过在乎别人的看法和评价，不要因为别人的评价就违背自己的生活本意。囿于他人的评价，不仅会让我们活得憋屈别扭，同时也会让我们渐渐失去自我。

第三方面，不要追求完美。一些人盲目否定自己，可能是追求完美所致。我们应该明白，世界上没有哪种事物是完美的，如果真的达到了完美境地，那也就失去了继续提升的空间。存在缺陷才是正常的，存在缺陷才是真实的美，完美只是假象。

第四方面，要适当发泄负面情绪。盲目否定自我是因为当事人正处于负面情绪支配之下，如果不主动调节，这种状态就会一直持续下去。当遇到困难和挫折时，我们不妨转换一下状态。当工作遇到挫折，就放下工作去运动一下；当情感遇到挫折，就不要独处，可以去参加聚会。将负面情绪发泄出去，有助于改变这种盲目否定自己的行为。

遇到挫折和失败，不要盲目否定自己。这个世界上存在不优秀的人，但不存在一无是处的人。不要太敏感，没有人是十全十美的。

盲目否定就像深渊，进入其中只会感到一片漆黑，越深入越漆黑，最终迷失在其中。想要从深渊中出来，就必须点亮整个深渊。那我们唯一能够做的，就是正确认识自我，让自己发光，整个世界都将会被点亮。

远离死胡同和牛角尖

《吕氏春秋》中记载着这样一个故事：

有一个楚国人搭船过江，船刚刚出发不久，一阵摇晃，这个人身上的剑便掉进了水里。同船的人都叫他趁水还不深，快点下去捞剑。但他并不匆忙，他从身上拿出一把小刀，在剑掉落的船边刻了个记号。

众人对他的举动大为不解，纷纷向他询问原因。他回答道："我的剑就是从这个地方掉下去的，我做个记号，一会儿等船靠岸时，我就可以从这个做记号的地方下去，把我的剑捞上来。"众人一阵哄笑，四散而去。等到船靠岸后，这个楚国人果真这样去寻找自己的剑，结果什么也没有找到。

上面所讲的正是"刻舟求剑"的故事。刻舟求剑所展现的正是不知变通的思维方式。环境已经出现了变化，如果我们还保持在原地一动不动，就什么也做不成。在生活中，总有一些人喜欢钻牛角尖，讨论一些事情时，经常往死胡同里面走。

坚持确实是一种美德，但如果坚持变成了钻牛角尖和走死胡同，这种坚持就成了负担。

一些敏感性格的人常常很喜欢钻牛角尖，同时他们也是死胡同的常客。当一座大山挡住了他们的去路时，轻松绕行就能够顺利通过，他们非要从山上走过去，结果不仅没有抵达目标，自己还迷失在了大山上。

钻牛角尖和走死胡同所说的就是一个变通的问题，敏感的人之所以不懂得变通，很大程度上是他们的心理因素在作怪。原本一件很简单的事情，会因为这些心理因素，造成很多不必要的误会。

小王和小李是很要好的朋友。一天，小王从很远处看到小李走在路上。正在遛狗的小王开始不断向小李挥手，并大声呼喊小李的名字，甚至连小王的狗也吠叫了好几声。小王的举动引起了周围人的关注，但似乎没有传到小李那边，小李依然在路上走着。

小王又呼喊了几声，众人都在盯着小王看，小李也看向了小王。原以为小李会走过来跟自己打招呼，小李却继续走了起来。周围人的注视让小王很不好意思，她开始觉得小李是瞧不起自己，小李这个人本来就很高傲，家里有钱，不爱跟别人打交道。

小王越想越觉得自己委屈，决定再也不搭理小李。几天后，小李邀请小王逛街，小王理都不理，这让小李很是生气，两个人的关系也开始逐渐僵化。看着两个人的关系越来越僵化，周围的朋友开始询问原因，小王将此前的经历原原本本地给朋友讲述了一遍。

又过了一段时间，小王的话传到了小李耳边，小李这才知道事情的原委，其实那时小李正戴着蓝牙耳机，根本就没有听到小王的呼喊。小李找到小王，真诚地讲述了当时的情况，两个人这才化解了误会。

本来很简单的一件事情，却因为小王自己内心的"小剧场"而引发了诸多误会。小王当时就是因为太过敏感，走进了"死胡同"。她认定了小李看不起自己，所以没有在第二天向小李询问不理自己的原因，最终引发了二人的误会。

有些人做事情非常认真，但就是爱钻牛角尖，这对他们自身发展是十分有害的。"人至察则无徒"，一个人如果过于钻牛角尖，就会看不惯别人的行为，这样会让自己失去朋友，变得与世隔绝。

其实仔细想来，生活中的很多事情都没有必要那么较真儿。太钻牛角尖不仅会让自己难过，也会让别人感到不舒服。我们平时看一张纸的时候，会感觉它很平整、很光滑，一旦将它放到高倍放大镜下，就会发现其表面是粗糙不平的。

如果我们用显微镜去检视别人，就会发现这个人的身上有许多缺点和毛病。但在现实生活中，谁能是完美无缺的呢？我们要用肉眼看人，而不是用显微镜看人。因此，想要和别人相处得好，就要学会相互谅解，不要死抠别人的缺点和问题，这样才能维系良好的社交关系。

如果真的事事都要钻"牛角尖"，都要考察个明白，结果就是我们的眼中处处容不下别人，别人也会断了与我们的联系。爱钻"牛角尖"的人有一个问题，就是总认为自己是有道理的，将较真当作是认真。其实这完全是两件不同的事。

认真是说对自己应该担负的责任，或是应该做的事情抱有应有的态度，是正面的态度。而较真更多是指认死理，是负面的态度。人际交往中，如果过于较真儿，就会很难交到朋友。

南怀瑾先生曾说："越保守的人越有自己的范围，结果变成固执，变成粘胶一样，自己不得解脱，被它胶住了，就是佛家所讲的执着。"南怀瑾先生所谈就是教人为人处世不要太过较真儿，过于较真儿的人会因为做事太死板，而走入死胡同。

在南怀瑾先生看来，人不要一条道走到黑，一个死理认到底。自己所拥有的并不一定是真理，而他人所拥有的不同意见，也有可能是对的，或是存在一定的道理。

想要改变钻牛角尖和走死胡同的习惯，就要注意转换思维方式。思考事情时，要从多种角度去观察，不要拘泥于个人想法。这样才能避免固执己见，同时也能很好地改变较真儿的习惯。

不较真儿是不去钻牛角尖，并不是放弃严谨的态度。认真是处理任何事情都需要具备的能力和态度，我们要学会认真，放弃较真。

被拒绝是情商修炼的必修课

很多烦恼和忧愁产生的根源都与"被拒绝"或"感到被拒绝"有关。那些显然的拒绝会让我们心疼不已，比如恋爱多年却被提出分手。那些较为细微的拒绝也会让我们为之伤感，比如给对方发送的微信消息，迟迟得不到回复。

被拒绝是悲伤情绪的重要来源。它不仅会让人感到心痛，同时还会产生一系列额外伤害。

经常被拒绝的人容易对自我价值产生怀疑，这种怀疑积累得越多，其自身所感受到的痛苦也就越多。经常被拒绝的人还会对新的关系产生恐惧，他们会变得害怕被拒绝，以至于逐渐失去相信他人的能力。

被拒绝就像是潘多拉的盒子，一旦打开就会灾祸无穷。但很不幸，人生在世，每个人似乎都会遇到这个打开的魔盒。只不过有的人被拒绝的次数较多，而有的人被拒绝的次数稍少一些。

在面对拒绝时，不同的人会有不同的看法。

有些人会将被拒绝的经历与自我认同联系起来。他们会认为被拒绝是自己不好，并质疑"不好"的自己是否还有其他问题，进而会逐渐找到自己更多的问题和缺点。其实，这些问题并不足以对他的生活和工作造成影响。这些人在被拒绝后会怀疑自己的价值，也会更容易受到伤害。

有些人认为被拒绝是不可预测的事情，是自己所无法改变的。因此，他们被拒绝后，会主要分析外部原因，而很少去寻找自己身上的缺点。这种人能够很好地接受被拒绝的事实，也很少会因被拒绝受到伤害。不过，他们也很少能够正确分析出被拒绝的原因，这就容易导致他们在往后的生活中，依然会被拒绝。

很显然，这两种人在看待被拒绝这件事情时，所持有的观点都不够准确，至少在应对上都不够有效。

被拒绝是十分常见的。学会应对拒绝是高情商修炼的必要课程，从怕被拒绝无法说出自己的请求，到坦然面对拒绝继续努力尝试，这是一个艰难的过程，同时也是一个从低情商到高情商的过程。可以说学会坦然面对拒绝，是走向高情商的必经之路。

30 岁之前的蒋甲因为害怕被拒绝，很少主动尝试新的东西。30 岁之后的蒋甲，因为一次大胆的尝试，不仅能够坦然面对拒绝，还彻底改变了人生轨迹。蒋甲的尝试来源于一个加拿大人发明的"被拒绝治疗法"，这是一个主动出门寻找被拒绝体验的游戏。目的就是为了在 30 天内，让参与游戏的人适应被拒绝。蒋甲决定利用 100 天时间来体验被拒绝这件事情。他用隐藏摄像机记录了整个过程，并上传到了互联网上。

第一天，他向一个陌生人借 100 美元，好不容易开口，却迅速遭到拒绝。蒋甲害羞得连拒绝的理由都没问就跑开了。

第二天，蒋甲下定决心不再逃跑。他请求能像可乐续杯一样，再续一个汉堡包。这次的请求同样遭到拒绝，但蒋甲没有逃跑，而是询问被拒绝的原因。收银员礼貌地向经理请示，蒋甲得到了暂时还没有这项服务的答复。

第三天，蒋甲请求甜甜圈店员为自己做一个奥林匹克形状的甜甜圈。所有人都没有想到，甜甜圈店员竟然真的帮助他做了出来。

此后，蒋甲又提出了各种各样奇怪的请求，有的请求被人接受，有的请求则被无情拒绝。在整个实验过程中，蒋甲彻底适应了被拒绝，他的命运也因此迎来了转变。

蒋甲的故事被雅虎新闻、《彭博商业周刊》等媒体报道，他开始在美国巡回演讲，甚至登上了 TED（即技术、娱乐、设计，美国的一家私有非营利机构）的演讲台，出版了自己的书籍。

可以说，蒋甲最后获得的成功是从他坦然接受拒绝开始的。因为害怕被拒绝，所以不敢提出自己的请求和想法，这让蒋甲错过了很多机遇。因为坦然面对拒绝，蒋甲可以自由表达出观点和想法，可以按照自己的想法去做想做的事情，因此，他迎来了人生新的机遇。

我们的经历可能不会像蒋甲一样，但接受拒绝这件事，确实是每个人都要面对的问题。因此，与其让无法接受拒绝所牵绊，不如多想想如何去直面拒绝。并不是所有人都会像蒋甲一样去尝试被拒绝，但处理好一些细节方面的问题，也能在一定程度上帮助我们坦然面对拒绝。

学会寻找被拒创伤的根源。越是敏感的人，在被拒绝后受到的创伤就会越严重。想要让自己坦然接受拒绝，就要首先找到自己被拒创伤的根源在哪里。找到了问题的根源，才会知道如何解决这些问题。

一般来说，害怕被拒绝大多是曾经遭遇类似事件，对自己内心产生了不好的影响。找到这些事件，然后分析产生创伤的原因，最后再想办法解决这些问题。这是坦然面对拒绝需要做的基本工作。

被拒绝时，一些人倾向于向内归因，将被拒绝事件与自我认同相结合。一些人则倾向于向外归因，认为被拒绝这件事与自己关系不大。长期向内归因容易造成长期的负面影响，会让当事人质疑自己的基本价值。因此，想要坦然面对拒绝，在向内归因的同时，多向外归因，这在一定程度上会缓解向内归因产生的负面影响。

培养心理弹性也能让我们更好地面对拒绝。所谓心理弹性，就是指个体在面对逆境、创伤、威胁或重大压力时的良好适应过程。心理弹性能够将个体的消极影响最小化，提高个体承受压力的能力。在坦然面对拒绝的过程中，心理弹性也是十分重要的。

多尝试被拒绝，也是一种有效减少被拒创伤的方式。正如蒋甲所进行的实验一样，当我们被拒绝了 100 次之后，还会在乎被拒绝第 101 次吗？当对被拒绝麻木时，也就不用再说能不能接受拒绝了。

那些改变命运的关键时刻，就存在于我们一次次不怕被拒绝的请求中。如果我们能够正视被拒绝的恐惧，就能够勇敢说出自己的请求，勇敢去做自己想做的事情，这样，或许真的能够改变命运。

正如蒋甲在演讲中所说，当我们在人生中遭遇挫折，当我们面对下一个障碍，或下一次失败时多想想以下这种可能：不要逃跑，如果你尝试拥抱它们，它们也可能会成为你的礼物。

唯有放下敏感，才能"不动如山"

敏感是正常的人格特征的维度。之所以将其定义为一种维度，是因为它不是简单的"敏感"或"不敏感"，而是一个不断变化的区间。因此，在表述敏感时，用"高敏感"和"低敏感"是较为合适的。

高敏感就是敏感的程度较高，高敏感的人能够更加细致地处理身边的信息。但同时，他们也容易受到这些信息的影响和刺激，让自己变得情绪失常或不知所措。

高敏感人群有很多优点，他们不仅能够高度察觉自己的内在情绪，同时还能更好地处理他人情绪。此外，高敏感人群还会十分关注事物的细节，找到一些常人所无法发现的细小问题。

相比于高敏感，过度敏感则甚少有优点可言。过度敏感的人容易受到外在信息的刺激，导致内心承受更多的痛苦和压力，同时也容易受到他人情绪的影响，给自己造成负担。对于一些细节问题过分苛求，也会让他们形成不健康的完美主义倾向。

关于敏感性格的形成，既有先天因素的作用，也有后天因素的影响。

基因研究专家认为，5-羟色胺转运体基因对人的敏感度和情绪健康具有重要影响。这是帮助5-羟色胺循环的脑内神经递质，它不仅对人的敏感度有影响，对鱼、虫、鸟等一百多种物种的敏感度都有影响。

后天因素对敏感程度的影响，主要表现在成长时期的经历。如果生活在一个冷漠的家庭环境中，孩子从小就要学会察言观色，用敏感来保护自己。一些缺乏自信的人也会具有更高的敏感程度，他们往往做事小心，害怕引起他人的不满。

小琪在高中一年级，成绩进步很大，遭到了同学的忌妒。与同桌发生矛盾后，经常遭到同学的议论。难以忍受的小琪请求老师为自己换座位，却遭到老师拒绝，小琪只得让父母和老师沟通。老师虽然同意了小琪的换位请求，却将这件事告知了其他同学。结果小琪与其他同学的矛盾更加激化，不得不转到其他学校就读。

到了新的学校，小琪却依然学不下去。在她的内心中，总是存在一个心结。过去的经历让她认为自己只要学习好，就会遭人忌妒，被同学孤立。因为这种想法，小琪在学校中总是谨小慎微。每每听到同学说她爱学习、学习好之类的话，就会认为是别人不怀好意。

小琪的过度敏感更多是来源于过去的经历，这种过度敏感为她带来了不少困扰。不仅无法与同学正常交流，学习成绩也一落千丈。

对小琪来说，只有放下内心的过度敏感，才能恢复到从前的正常状态。一般来说，过度敏感的人，更能够接受信息中的负面内容，而这些负面内容将会对他们造成极大的负面影响。因此，想要让过度敏感的人摆脱敏感特质，首要一点，就是要减少他们所接收到的负面信息。

当然，想要他们完全隔绝负面信息，是非常困难的。因此，要综合利用其他方法，才能从根本上解决这些人的过度敏感问题。

第一种方法，可以用积极的心态去应对消极信息。敏感的人更容易关注信息的消极部分。他们看到花开，就会想到花败。进入恋爱，就会想着可能会有分手的一天。到了一个新的工作环境，又会对新出现的信息格外警惕。

事实上，他们所关注的消极信息并非全是事实，因此强化其中的积极信息能够有效掩盖消极信息，这样能够在认知上达到平衡。

其中的道理其实很简单，无论是谁，长期处在消极环境中，都会或多或少受到一些影响。这种时候，要适当去关注一些积极的信息，不让消极信息占据大脑。获得的积极信息越多，心态就会越积极。

第二种方法，对事情不要想太多，但要想透彻。敏感的人常常会接收很多信息，这让他们的大脑常常不可控制地考虑很多事情。敏感的人都不希望自己想太多，却又对此无可奈何。

实际上，想太多并不一定是坏事，只要不毫无逻辑地想，不要让思绪杂乱无章地乱作一团，都不会引发不好的结果。想要做到这一点，就要去严谨地梳理大脑中的信息，找出其中的逻辑线索。如果大脑捋不清这些信息，就将它们全部记录下来。这样就能更加清晰地知道自己想做什么，该怎么去做了。

第三种方法，要学会控制自己的情绪。过度敏感的人需要清楚，我们应该操控情绪，而不应该让情绪操控我们。过度敏感人群的情绪是随机的，总是阴晴不变。这其实是很正常的情况，但过度敏感人群却觉得这是自身的问题。因此，他们常常被情绪左右。

想要摆脱敏感特质，控制情绪是关键。过度敏感人群恰恰可以利用情绪迅速转变的独特优势，来快速调整自己的情绪状态，让自己经常保持在积极情绪中。

第四种方法，要适当远离敏感环境。如果当前所处的环境容易让自己敏感，就远离这种环境。过度敏感的特质并不好改变，如果长期处于敏感环境中，就更难有所改变。

从过去的经历中总结经验，了解哪种环境容易让自己敏感，适当回避这种环境，是摆脱敏感特质的有效方式。

正如前面讲到的一样，敏感特质并不是一无是处的。高敏感的人更能够感知到美好的事物，对生活的观察也更加细致。

但敏感要保持在一定的限度内才是美好的，如果超出适当的限度，变成了过度敏感，那将会让我们的人际关系和工作生活陷入痛苦和混乱。

不要让情绪左右，要成为情绪的主人。放下过度敏感，才能迎来更好的明天。

第二章

冲动是最直观的情绪失控

当人们清楚明白地表达出愤怒情感时，它就能为一个人和一种关系做出很大贡献。但当愤怒被遮掩隐藏起来时，它的影响则正好相反。

高情商的人如何应对冲突？

2016 年欧洲杯期间，俄罗斯"足球流氓"一战成名。他们仅二百人就将近两千人的英国"足球流氓"打得抱头鼠窜。英国"足球流氓"受害者接受采访时说道："我们是来看球，顺便打架的。这些俄罗斯人就是专门来打架的，看他们的行动就像军队一样整齐。先把我们打倒，然后在地上踢……"

事后，俄罗斯总统普京向英国公开道歉，并说道："大家其实挺丢人的，但是很奇怪两百人的俄罗斯球迷是如何打赢上千名英国球迷的？"而在俄罗斯世界杯前，普京则要求这些俄罗斯"足球流氓"们签署一份承诺书，保证在世界杯期间不惹是生非，也不主动找其他球队的球迷斗殴。

如果仔细看这份承诺书就可以发现，普京所说的是"不主动"惹事。也就是说，如果有人挑衅或者先动手，俄罗斯的球迷一样可以将他们痛扁一顿。正是这种规定，吸引了很多俄罗斯球迷在承诺书上签字。

不得不说普京的情商实在是高，普京的承诺书一方面向外界表明了俄罗斯办好世界杯的决心，同时也表明了俄罗斯球迷并不会主动引发纠纷。普京的"不先动手"正是高情商的表现。

"不先动手"是应对冲突的一个很有效的手段。与人交往难免会出现摩擦、产生纠纷，这种时候，哪一方先动手，哪一方就会落入被动局面。即使此前道理在自己这边，先动手后，自己也变得没有理了。

"动手"是将事件升级的信号，一方动手后，事件就会进入一个新的层面上。如果另一方也动起手来，事件就会进一步升级，进入更新的层面之中。

这一点很好理解，举例来说，公交车上，司机一个急刹，乘客摔倒在地。乘客大怒冲着司机叫喊，司机只得一边道歉一边开车。看到司机爱搭不理的样子，乘客更加生气，开始动手敲打司机的脑袋。司机对着乘客喊了几声，乘客更觉司机无理，自己的动作也大了起来。司机被乘客敲打得忍无可忍，奋起反抗，却导致汽车失控，撞到了道路护栏上，结果将吵闹的乘客甩出了车窗外。

上面的故事可以算是一个特例，这个故事因为双方的动手而升级，最终引发了本可以避免的不良后果。在这个故事中，乘客首先是有理的，这个显而易见，司机急刹导致乘客摔倒，乘客叫喊两句也很正常。但当乘客动起手来之后，理就跑到司机那边去了。毕竟司机已经承认了错误，乘客再动手就有些过分了。

但是，乘客动手之后，整个事件就已经升级了。当乘客继续动手时，司机因为忍无可忍，也开始动手，这就导致事件进一步升级。

至少从矛盾大小来说，最初的矛盾是很小的，当双方都动起手来之后，矛盾就变得很大，也很难解决了。

最终出车祸的结果是矛盾扩大导致的，是双方都动手引发的。这种结果本来是可以避免的，如果司机不动手，车祸就不会发生。而如果乘客不动手，司机也不会动手。在这个故事中，这些因素都是一环套着一环的，很难具体追究是谁的责任。

从故事中可以看出，这位乘客的情商确实不怎么高。原本一件自己有理的事情，被他处理成了自己无理取闹的事情。之所以会变成这样，"先动手"是主要原因。

这位乘客之所以会动手，很大程度上是他的情绪因素所致。在摔倒之后，这位乘客便陷入愤怒之中，看到司机对自己的态度冷淡，他的愤怒进一步上升，最后因为冲动而动起手来。

如果他能控制住自己的愤怒，不要那么冲动，心平气和地与司机交流，就不会出现后面发生的一系列事情。这往往是有效的，遇到事情，控制住愤怒，不先动手，往往能够取得意想不到的效果。

姚启圣在被康熙皇帝任命为兵部尚书后，前往福建任总督，主要负责平台方略的实施。姚启圣上任做的第一件事，就是宣布禁海三十里百姓必须前往内地，同时还下令广东、浙江沿海居民一同迁界禁海。

官方的强制执行，让当地居民苦不堪言，个个怨声载道。出于愤怒，这些居民跑去刨了姚启圣的祖坟。按照《大清律》，掘人祖坟者杀无赦，这些百姓竟然掘了当地总督大人的祖坟。士兵都以为总督大人会大发雷霆，但姚启圣认为这里的百姓只是不通教化，并没有追究此事，而将祖坟迁往其他地方。

可祖坟刚刚迁完，却又被当地居民挖了出来。姚启圣跌跌撞撞地来到掘墓地，捧起先人的尸骨悲痛万分。掘墓的居民被抓了起来，士兵正准备就地行刑。姚启圣又是一句"罢了"，把他们全部释放了。

随后，姚启圣将先人的尸骨火化，葬于大海之中。此时，当地百姓纷纷自愿身穿孝服跪在姚启圣身后，表示愿意主动迁离禁海。

祖坟接连被挖，姚启圣应该是愤怒的，这是任何一个人都无法忍受的羞辱。正常来说，姚启圣可以轻松利用职权，杀掉这些私掘祖坟的刁民。但他并没有这样做，自始至终他都没有"动手"。

姚启圣很清楚，如果他选择动手，那可能要杀光沿海百姓，才能完成迁界禁海的任务。因此，从大局来考虑，他根本不能动手。他只能将愤怒埋藏在心中，将悲伤埋藏在自己的心中，利用真心去打动不愿迁离的居民，最终他成功做到了这一点。

很多人将动手当作表达愤怒的方式，习惯动手的人也很少认真去讲道理。动手作为表达愤怒的方式，是低情商的表现。动手不仅会让事件升级，还会引发许多意想不到的后果。

高情商的人很少用拳头表达情感，即使遇到难以解决的纠纷也不会选择动手。当然，高情商的人并不是秀才，在遇到"兵"的时候，他们有自己的取胜之道。盲目动手的苦果最终只会留给自己品尝。

想动手时，先给自己两个"耳光"

　　每个人都会愤怒，这是显而易见的。生活中的纷纷扰扰，鸡毛蒜皮的小事都会引起情绪的波动。不懂得控制愤怒的人容易冲动行事，最终酿成无法挽回的后果。

　　冲动的人看问题的角度是片面的，他们的认知往往是有局限的。因为缺乏自制能力，他们在说话和为人处世时会带有较强的攻击性。一旦情绪冲动爆发成为具体的行为，不仅会对自己造成巨大伤害，还会对他人造成很大的影响。因此，平复自己的冲动很重要。

　　高情商的人懂得适时化解冲动，不同情况下的冲动会有不同的应对方法。一个最为常见的克制冲动的方法就是用冷静压制愤怒，用理性克制冲动。

　　冷静和理性并不是一个东西，但二者可以相互作用。一般来说，应对冲动时，冷静是最好的处理手段。

　　冷静不仅能够压制愤怒，对于紧张、慌乱、恐惧等负面情绪，冷静都能发挥出重要的作用。简单解释冷静的作用，就是将事物发展的程度控制在自己的预期内。

一个突发事件发生之后，以我们的个人能力可能并没有办法处理。在这种情形下，我们自身就会陷入慌乱、紧张和恐惧，如果让这些情绪继续蔓延，事件的发展程度就会进一步超出我们的预期。这样下去是无法顺利解决问题的。

这时候，只有冷静下来才能解决眼前的问题，只有冷静下来，才能将事件控制在自己预期的范围。即使无法解决眼前的问题，也不会让事件继续恶化下去。这便是冷静所带来的实际效果。

遇到突发事件，与其愤怒冲动，不如冷静下来。先将事情控制在一定范围内，然后再去寻找解决问题的方法。

古时候，有一个富甲一方的商人。为了躲避战乱，他遣散了家仆，将所有家财置换成了金银票。为了储藏这些金银票，他特制了一把油纸伞，将金银票全部藏到了伞柄之中。随后，他乔装成老百姓，带上雨伞离开了府邸。

令富商没有想到的是，他在凉亭休息时，油纸伞竟然被人偷走了。正常来说，全部家财被盗，任谁都会悲愤交加、不知所措。但富商并没有愤怒，他很快冷静下来。看到包裹完好无损，他断定盗走雨伞的人应该并不是职业盗贼，这个人应该就住在附近。

富商决定在这里住下来，他购置了一些修伞工具，在这里干起了修伞的生意。时间过了很久，他也没有等到自己的雨伞。但他并没有放弃，他发现有些人的雨伞坏了之后，并没有送修而是直接换了一把新伞。鉴于此，富商决定打出"旧伞换新"的招牌吸引人来换伞。

换新招牌一经打出，许多人前来换伞。不久，一个中年人拿着一把破旧油纸伞前来换伞。富商发现这把伞正是自己丢失的那把伞，见到伞柄处完好无损，富商给对方换了一把新伞。拿到自己的伞后，富商迅速收拾家当，消失得无影无踪。

富商在丢失雨伞后，并没有因为愤怒而冲动。他很清楚，伞丢失已经成为既成事实，再去纠结它为什么丢失已经没有意义，自己再愤怒、再叫喊，也不会改变当前事实。因此，他决定冷静下来，思考怎样才能找到自己的伞。

试想，当时富商如果因为愤怒而四处叫喊，伞中的秘密就会暴露。如果他因为冲动而选择报官，钱财也可能会被官府扣留。这时候，只有冷静，才能想出正确的对策。

第三任美国总统托马斯·杰弗逊曾说："无论什么时候都保持冷静客观，会给人莫大的优势。"遇到紧急事件时，即使再愤怒、再冲动，也要保持冷静，只有这样才能真正高效地解决问题。

遇到紧急事态想要保持冷静，可以尝试以下几种方法。

第一，在心中默默数数，是最为经典的保持冷静的方法。再紧急的事态，也有时间让我们停下语言和动作，在心中慢慢细数几个数。在数数过程中，我们的内心就会逐渐平静，此前的愤怒和冲动就会得到抑制。当然，在数数过程中，还需要关注事态的发展，如果数数无法平静下来，就要选择其他方法让自己平静。

第二，人在紧张或愤怒的时候，常常会呼吸急促，或者有意无意地屏住呼吸，这非常不利于情感的宣泄。这种时候，使用深长且慢的腹式呼吸能够帮助我们冷静下来。腹式呼吸能够让更多新鲜空气进入体内，为大脑和心脏输送充足的氧气，可以很好地起到缓解情绪的作用。这种方式能够让人更快冷静下来。

很多突发事件解决不好，一个重要原因就是想得太多，这种时候所想到的更多是负面因素。遇到突发事件时，想要让自己冷静下来，在有选择的情况下，就要尽量少让自己去思考那些负面的问题。这样不仅能摆脱负面因素对情绪的困扰，还能更快让自己冷静下来。

当遇到一些突发事件时，不要因为愤怒而冲动反击，更不能不讲道理直接动手。当然，也不应该将情感完全掩埋在内心中。如果是对方的语言和行为伤害了我们，让我们感觉到愤怒，那就直接向对方表达出感受。相比于拐弯抹角和委曲隐忍，不如直接向对方表达出自己的感受和想法。

当我们生气、愤怒、冲动时，在情绪即将爆发之前，先将想要做的事情，对自己做一遍。如果想要破口大骂，就先将骂人的话对自己说一遍。如果想要动手打人，就先打自己两个耳光。

然后再去感受一下这些事情对别人做，会产生怎样的效果，别人会有怎样的感受。愤怒的时候，换位思考能够让我们更快冷静下来。多站在别人的角度上思考问题，更能防止自己情绪上的失控。

愤怒和冲动时，我们需要让自己冷静下来。冷静并不是软弱和怯懦，而是让大脑能够更好地思考。冷静并不是丧失激情，而是让自己在遇事时，不能盲目亢奋，激情并不等于冲动。

愤怒和冲动是很常见的，想要动手解决问题之前，先给自己两个耳光。冷静下来之后，再去行动，这才是正确的问题解决之道。

愤怒是火山，冲动是魔鬼

愤怒是火山，冲动是魔鬼。在生活中，愤怒和冲动是两种常见的情感。每个人都会愤怒和冲动，高情商的人懂得控制自己，而低情商的人则会放任这两种情感蔓延。放任愤怒就是让火山喷发，放任冲动则是让魔鬼肆虐。

放任愤怒和冲动继续发展，就会引发一系列意想不到的结果。有的人因为冲动变成了残疾，有的人因为冲动失去了自由，有的人因为冲动变得家破人亡，有的人则因为冲动而失去了宝贵的生命。当结果出现之后，这些人才认识到愤怒和冲动原来拥有如此巨大的破坏力。

我们在做事时，经常会情绪激动，头脑一热，没有思考结果，就去着手开展行动。那些未经思考的事情，会让我们的思考面变得狭窄，不仅会丧失辨别能力，同时也会丧失应对能力。这样一来，即使事情并不难办，也很难办成。

一个人在愤怒和冲动情绪下，所做出的事情大多是违背其理性诉求的。当结果发生之后，他们才会发现自己的错误。但这时候再去后悔，也就没有任何意义了。

　　一对新婚不久的年轻人，女人因为难产而死，只剩下男人和孩子相依为命。男人需要外出打工，没有时间照顾孩子。为此，他训练了一只聪明听话的狗，帮助自己照看孩子。这只狗不仅能陪小孩玩耍，还能咬着奶瓶给孩子喂奶喝。

　　一次，男人因为工作第二天才回到家中。当男人打开房门后，看到室内到处是血迹。他来到卧室，发现孩子已经不见了，床上、地上、狗的身上和嘴里都是血迹。看到这种情形，男人大发雷霆，以为是狗将孩子吃掉了，他迅速回到厨房拿菜刀将狗砍死。

　　狗狗死的瞬间，从床下传来了孩子的哭声。男子将孩子抱出来，发现孩子的身上虽然有血迹，但却并没有受伤。男人又仔细打量了一下死去的狗，发现狗的身上少了几块肉，在狗的旁边，躺着一只死掉的狼。这时男人才发现自己误杀了忠心护主的狗狗，后悔得大哭起来。

　　男人因为愤怒和冲动杀死了护主的狗狗，事后追悔莫及，但死去的狗狗已经不能再复活了，男人的后悔也就没什么意义了。这个男人的悔恨可能会持续较长一段时间，还有些愤怒和冲动所带来的后悔将会陪伴一个人一生时间。甚至，愤怒和冲动直接带来的就是死亡。

　　《三国演义》中描述，刘备在关羽死后，决定发兵东吴，为义弟报仇。但谁曾想到，军队还没有出发，张飞又因为打骂士卒，而被士兵割了脑袋。悲愤交加的刘备依然没有停下伐吴的脚步。因为冲动进军，刘备大军在扎营树林中时，被东吴大将陆逊火烧七百里连营。经此一役，蜀国精锐兵力尽失，一下子衰弱下来。刘备也因为遭受不了打击，郁郁而终。

夷陵之战后的刘备也是大为后悔的，但一切都已经晚了。他的冲动不仅使蜀国损失惨重，也断送了自己的性命。

愤怒和冲动所引发的第二个负面影响，就是让人情绪低落，意志消沉。愤怒的情绪会引发冲动的行为，冲动会让人处于精神亢奋之中。这并不是正常的精神亢奋，这种精神亢奋过后，必然会带来情绪上的低落。

情绪上的低落不仅来源于精神亢奋，还与冲动所引发的悔恨有很大关系。情绪上的失落会在后悔和各种负面因素的作用下不断放大。

有种人格障碍称为冲动型人格障碍，这是因为微小精神刺激突然爆发非常强烈而难以控制的愤怒情绪，并伴有冲动行为的人格障碍。其主要表现是情绪不稳定，并且缺乏控制冲动的能力，易发出暴力或威胁性行为。

冲动型人格障碍的人，常常会因为很小的事情，就陷入强烈的愤怒和冲动之中。他们很难控制自己的行为，经常会出现突发的冲动行为。这类人情绪和行为上的变化与平时不一样，没有发作的时候是很正常的，但发作起来就会无法控制。

多数人都会有这样的感受：愤怒和冲动时，理智虽然一直存在，但自己并不想受到理智的控制。无论在行为上，还是在语言上，都变得失控，进而表现出此前从未有过的异常状态。

当我们的自尊心受到伤害时，在愤怒和冲动的支配下，第一时间想到的就是"以牙还牙，以眼还眼"，要让对方付出惨痛的代价。如果任由这种情绪扩散，就会造成无法挽回的结果。

冲动是魔鬼，行事之前，先思考一下可能发生的结果，不要让自己的行为引发不可挽回的后果。每个人都应该认识到愤怒和冲动会引发的后果，不要因为别人的不当行为怒不可遏，不要因为小小的争端大打出手。冲动带给我们的只有后悔和失落，但会带走我们的自由和快乐。

拥有冲动型人格障碍的人，如果不接受有效治疗，就很难控制冲动行为。但没有这种人格障碍的人，如果无法控制冲动行为，就要从自己的身上寻找原因了。是被愤怒冲昏了头脑，还是自己想要借着情绪激动胡作非为，还是不由自主地陷入了混乱，搞清楚这些问题，才能更好地控制愤怒和冲动。

愤怒和冲动是客观存在的，高情商的人也会愤怒，也会冲动，但他们懂得将愤怒和冲动控制在合理限度之内。这就是情商高与情商低的一个显著区别，那些无缘无故乱发脾气的人显然是情商较低的人。修炼高情商，就要正确认识和对待愤怒与冲动。

莫让冲动左右你的行为

　　一位富商去世之后，给儿子留下了一幅古画。不懂书画艺术的儿子对此感到很失望，正当他将书画放在高阁之上时，书画中掉出了一个金块。富商儿子撕开了书画的一角，发现里面暗藏了许多金块。他迅速将书画撕破，取出了里面的金子。

　　正当他看着金子高兴之时，突然发现书画中夹着一张纸条。他拿起纸条，上面的内容在说这幅画是名家所做，现已成为无价之宝。看着纸条上的内容，富商儿子后悔不已。无价的名画已经被他撕得破碎不堪，再怎么后悔也没有用了。

　　前文已经说过，冲动会引发人们的内疚和后悔。故事中的富商儿子，正是因为冲动，才撕毁了无价的名画。如果他能及时制止自己的冲动，就不会在事后追悔莫及了。

　　如果发现自己出现了冲动的情绪，就要及时制止。压制住冲动，不仅能够避免坏结果的出现，也能更好地展开人际交往活动。

　　有观点认为一个人爱冲动，是因为性格豪爽，这样的人往往是慷慨仗义的。这种判断并没有任何科学依据，冲动产生的原因多种多样。先天性格导致的冲动也很常见，但如果单纯从冲动来判断一个人性格豪爽、慷慨仗义，就有些牵强了。

冲动产生的原因有很多，不仅有先天因素的影响，还有后天因素的影响。一般来说，人们在行为上的冲动，主要来自以下几个方面。

第一方面，先天冲动型性格。有些人的性格先天就属于外向型，相比于内向型性格，外向型性格的人更容易表现出冲动的情绪。

第二方面，后天养成的冲动性格。一些人冲动性格的养成，主要受后天因素影响。比如，如果父母处理问题时过于极端、冲动，孩子也会跟着学习。久而久之，就会逐渐养成冲动型性格。

第三方面，周围环境催生的冲动性格。生活环境也会让人产生行为上的冲动。周围人们的说话方式、行为方式，都能够影响身边的人，这种影响往往是潜移默化的，所以，很多时候人们都不自知。

第四方面，突发事件造成的冲动性格。突发事件也有可能让人们更加冲动。一些人对于突发事件前因后果认识不足，就容易出现情绪激动的行为，这便会导致这些人在突发事件中采取一些冲动行为，而不去考虑可能引发的后果。

很多人会因为物质或精神上的刺激而冲动。冲动的产生并不可怕，只要加以控制，就不会产生过于严重的后果。高情商的人正是通过控制情绪冲动，才保证了内心的宁静。因此，相较于了解冲动产生的原因，掌握一些控制冲动的方式，才是掌控冲动的关键。

冲动会让一个人失去理性，鲁莽行事。在日常生活中，相较于意识上的冲动，行为上的冲动更容易被发觉。无论是哪种类型的冲动，都会带来不可挽回的后果，进而让人后悔和内疚。为了避免因冲动带来的不良结果，我们在遇事时一定要"三思而后行"。

有一个年轻人，每次他与别人争执的时候，都会飞快跑回家，绕着自家房子和土地跑上几圈，然后坐在房前休息。随着时间的推移，他的房子越来越大，土地也越来越多，但他依然每次生气都会绕着房子与土地转圈。

几十年后，他的房子和土地都已经大了很多。但他生气时，依然会拄着拐杖绕着土地和房子转圈。孙子看到他气喘吁吁的样子，关心地问道："爷爷，您年纪已经这么大了，土地和房子也要比别人的大。您不能再这样一生气就绕着土地转圈了，您为什么要这么做呢？"

听到孙子的疑问，他回答道："年轻时，我如果与人争吵，就绕着房子和土地跑几圈。看到自己的房子和土地这样小，我就会觉得自己没有时间和别人争吵，消气的同时，就更加努力工作。年纪大了之后，冲动的时候绕着房子和土地走几圈，会发现自己的土地和房子这么大，根本没必要跟别人计较。一想到这里，也就不再想和别人争吵了。"

情绪冲动会左右我们的行为。想要防止这种情况发生，就要学会克制。这位老爷爷正是通过"绕着房子和土地转圈"的方式，转变了自己的情绪，进而克制了内心的冲动。与此同时，这种方式还让他更加努力工作，获得了更大的房子和土地，增长了财富。

　　上述故事给我们提供了一些控制冲动的具体做法：一方面，控制冲动需要多给自己一些时间；而另一方面，控制冲动需要去做一些转移注意力的事情。做好了这两点，就能更好地控制冲动情绪。

　　给自己一点时间，当情绪快要爆发，冲动得快要动手时，让自己稍等一会儿。哪怕只有一分钟，这短短的一分钟会在很大程度上帮助我们恢复理智。冲动都只是一闪念的想法，稍微冷却一下，我们就能够自觉停止冲动。

　　转移注意力的最有效方法是迅速更换环境。在故事中，那位老爷爷与人争吵后，选择绕着自己的房子和土地转圈，正是更换环境的做法。这种做法能够让失控的情绪得到平息，面对自己熟悉、舒适的环境时，心情也自然会舒畅起来。

　　当然，我们与他人发生冲突，并不是说更换环境就能更换环境的。当现实意义上的环境无法改变，我们就应该试着改变心理环境。

　　当我们的情绪处于冲动状态下时，试着在内心想象一下眼前的情境。在此基础上，再去分析一下当前情境继续发展下去的结果。这样做不仅能够让我们更清楚当前形势，也能转移我们的注意力。

　　冲动是正常的情绪表现，哪个热血方刚的少年不冲动呢？冲动是正常的，但完全被冲动控制了自己的行为就不正常了。高情商的人也会冲动，但更会控制冲动，想要更好地处理身边发生的问题，就要学会控制冲动、远离冲动。

不是愤怒控制你，就是你控制愤怒

想要真正控制自己的行为，除了要控制冲动情绪，还要控制好愤怒情绪。人们常习惯将愤怒情绪和冲动情绪联结在一起表达，认为冲动是愤怒情绪所引发的。愤怒确实容易引发冲动，但从情绪分类角度来讲，愤怒和冲动属于两种不同的情绪。

正因为愤怒和冲动是两种不同的情绪，所以控制冲动时，还需要学会控制愤怒。美国心理学家雅克·希拉尔曾说："愤怒是一种内心不快的反应，它是由感到不公和无法接受的挫折所引起的。"而心理学家艾耶·古罗·勒内则说："我们必须要倾听自己的愤怒，因为它能帮助我们保持个性完整。"

对于愤怒，每个人都应该拥有足够的认识。愤怒是正常的心理情绪，每个人都会愤怒，但每个人控制愤怒的能力却是不同的。高情商的人懂得控制愤怒，在愤怒时，他们懂得用最好的方式将愤怒发泄出去。

控制愤怒就要学会发泄愤怒，高情商人士控制愤怒时，并不是抑制自己，不让自己愤怒，而是寻找合适的方式去发泄愤怒。高情商人士善于愤怒管理，他们能认识到自己愤怒的深层原因，更懂得用正确、健康的方式去表达内心的不满。

愤怒情绪一旦失控是极其危险的，它不仅会损害我们的人际关系，扭曲我们对事物的正确判断，还会为我们的形象带来许多负面影响。

科学研究表明，愤怒情绪会影响心血管系统和内分泌系统，同时还会影响大脑额叶和颞叶的活动。科学家实验发现，男生处于愤怒情绪中时，不仅会心跳加快，血压升高，睾丸酮分泌也会增加，而可的松分泌则会减少，心理状态就会变得消极。

愤怒情绪支配下展开的行为，往往是非理性的。这种情况下，经常会出现无法挽回的错误。

相传，成吉思汗带着自己心爱的猎鹰上山打猎。饥渴难耐之时，他发现一处山谷中有少量水渗出。成吉思汗拿出随身携带的杯子盛接滴下来的泉水，谁想到，水刚刚接满，猎鹰就将杯子打翻在地。成吉思汗并没有在意，继续用杯子接水。

但没想到，猎鹰却三番四次地打翻了杯子，成吉思汗盛怒不已，一气之下杀掉了猎鹰。随后，成吉思汗决定去更高的地方寻找水源，等到达高处后，他发现山谷上的水源中有一条毒蛇的尸体。直到这时，成吉思汗才明白原来猎鹰不让自己喝水，并不是在戏弄自己，而是为了保护自己。

成吉思汗盛怒之下，杀掉了猎鹰。等到明白事情原委后，却后悔不已。但猎鹰已经死掉，他再怎么后悔也没有意义了。这正是愤怒情绪阻断了正常的思考逻辑，最终酿成了无法挽回的错误。

愤怒情绪是不可取的，却也是必不可少的。当我们的心理或生理受到侵害时，愤怒是最为直接的心理反应，也是必不可少的反击方式。通过愤怒可以让对方认识到错误，通过愤怒也可以表达我们的情绪。

把愤怒控制在一定范围内，通过合理方式去发泄，是我们面对愤怒最好的态度。我们不仅要有表达愤怒的能力，同时还要有克制的能力。发泄愤怒必须要选择适当的方式，有的时候要平和委婉，有的时候要直截了当，有的时候也可以声动如雷。

美国心理学家托马斯·摩尔在其著作《灵魂的黑夜》中说道："当人们清楚明白地表达出愤怒情感时，它就能为一个人和一种关系做出很大贡献。但当愤怒被遮掩隐藏起来时，它的影响则正好相反。"

控制愤怒并不是在人际交往中忍气吞声，这样做并不能维持和谐的人际关系。忍气吞声并不能消解愤怒，不断积压的愤怒还可能会引发更深层次的矛盾。同时，忍气吞声会逐渐失去自己的底线，让自己的利益受到侵害。

那么，高情商的人应该如何合理表达愤怒呢？一般来说，需要做好以下几方面的工作：

第一，要注意表达愤怒的语气。在人际交往中，我们不仅会听对方说什么，还会从对方的语气中判断其态度。在愤怒情绪中，我们的语气难免会出现过激的表现。这种时候使用抬高语调、大声斥责的方式讲话，不仅不会解决问题，还可能会激怒对方，让双方都处于愤怒的情绪之中。

第二，要尝试用言语来拉近彼此的距离。愤怒只是一时的情绪表现，双方都冷静下来后，朋友还是朋友，亲人还是亲人。为了让双方更快地从愤怒中抽身，在表达愤怒之前，先说一句拉近彼此距离的话，更容易让对方放下防备，也能将对方拉入自己的立场。

这些言语可能与引发愤怒的事件并无关联，但这一句拉近彼此距离的话语，可能会让对方回忆起双方曾经的合作经历，或者让对方从激动情绪中冷静下来。如果这句话是在肯定对方的优点，那不仅会让对方感到温暖，还会让自己的情绪更快平静下来。

第三，要表达愤怒的感受，而不要去做评价。很多人在表达愤怒时，喜欢去评价别人或事件，这种做法是表达愤怒的大忌。在很多情境中，双方原本还在心平气和地沟通，一旦一方先对对方或事件进行评价，尤其是负面评价时，事态就会向争吵的方向发展。

第四，表达愤怒时，我们需要明白一个道理，那就是引发我们愤怒的是对方做事的方法和态度，而不是对方整个人都让我们愤怒。如果我们将愤怒牵扯到对方身上，就会忽略掉事情本身，而陷入对对方无休止的人身攻击中。这会让愤怒不断恶化，让我们陷入愤怒的漩涡中无法自拔。

第五，表达愤怒时，要就事论事，一定不能溯及既往。溯及既往的情况在情侣吵架中十分常见，很多情侣吵架都会把此前很长时间的"旧账"翻出来。这种表达愤怒的方式不仅不会让愤怒消减，反而会逐渐加深矛盾。

第六，表达愤怒要聚焦，要着力在当前让你愤怒的事情上，而不能把过去遗留的问题牵扯进来。这样不仅解决不了当前问题，还会增加新的问题。这相当于让我们把之前的愤怒，又重新体会了一遍。

第七，表达愤怒的同时还可以提出建议和需求。表达愤怒并不是一味地倾诉不满和委屈，表达愤怒的目的应该是防止类似事件再次发生。因此，表达愤怒一定要提出自己的需求或建议，让对方明白下次再出现同类事件，怎么做才不会再次引起这样的问题和矛盾。

每个人都有底线和原则，我们没有办法让对方绝对了解我们的底线和原则，因此就要在表达愤怒时和对方讲明这一点。

高情商的人不会压抑愤怒，更不会放纵愤怒。被愤怒情绪控制的人，会将工作、生活搞得一团糟，不仅会在人际交往方面处于弱势，同时还会影响身心健康。

不要被愤怒情绪控制，我们要学会坦然面对，在不同的场合，选择最为适当的表达愤怒的方式。只有这样才能从愤怒中抽身，让愤怒为我们服务。

正视冲动过后的结果

人不可能永远都处在积极情绪之中，我们的生活中有挫折，有烦恼，也有痛苦。一个人情商再高也需要承受消极情绪带来的影响，不同于一般人放任消极情绪如洪水般纵横奔涌，高情商的人懂得调节和控制情绪。

控制情绪不仅表现在情绪发生之前和之中，还表现在情绪发生之后。很多消极情绪出现后，都会引发一系列负面事件。这些事件有大有小，有的可能无关痛痒，有的则会让人追悔莫及。在众多消极情绪中，冲动情绪所带来的负面影响往往是最多的。

都说"冲动是魔鬼"，这是因为冲动能够带给人极大的伤害。不论是对自己，还是对别人，冲动都不是一件好事。但冲动情绪的出现，往往又无可避免。因此，控制冲动情绪，除了要做好避免冲动情感、克制冲动行为外，还要正视冲动过后的结果。

在前面的章节中，我们提到了一些人因为冲动造成无可挽回的错误，这些事件的结果常让当事者追悔莫及。很多人在面对这些结果时，常常无法自拔，陷入无尽的悔恨中。这不仅会让我们无法从消极情绪中抽身，还会影响此后正常的工作和生活。

　　一个商贩用竹筐挑着一对瓷器，慢悠悠地下山。突然，他脚下一绊，挑着的竹筐落在地上，一只瓷器顺着山坡从竹筐中滚了出来，一直滚到了山下灌木丛中。商贩扶着腰站了起来，看着破落的竹筐和剩下的一只瓷器，心中大怒，大声说道："碎了一只，还留你做什么？"说罢，商贩将瓷器举起来砸向地面，瓷器应声碎裂。

　　商贩捡起竹筐继续向山下走去，走到灌木丛处，他发现掉落山下的瓷器竟然在灌木丛的保护下完好无损。想想自己砸碎的那只瓷器，又看看眼前这个瓷器，商贩长叹一声，拿起石头将地上的瓷器砸得粉碎，挑着竹筐走下山去。

　　我们可以通过这个故事，来分析应对冲动的正确方法。商贩出现了两个冲动举动，这两个冲动之举让他损失了一对瓷器。试想如果他能在瓷器滚下山坡之时，控制住冲动，就不会损失第一只瓷器。而在下山过程中，他还会找到第二只。

　　另一种情况，他没有在瓷器滚下山坡之时，控制住冲动，损失了第一只。如果他能在第二次冲动时控制住自己，就至少能够剩下一只。商贩之所以会失去两只瓷器，是因为他没有控制住冲动，更为主要的原因是他没有正视冲动引发的结果。

　　第一次冲动后，商贩失去了一只瓷器，这时他应该对自己的冲动行为进行反思。通过反思，他会发现冲动让自己损失了一只瓷器，这实在是太不值得了。这样，在下山发现第二只瓷器完好无损的时候，他就不会为第一次冲动再次失控，进而砸了第二只。

商贩的故事正是告诉我们，如果我们没有控制住冲动的过程，至少要做到正视冲动的结果。只有正视冲动的结果，才能避免同类事件的发生。

为什么会有人一而再，再而三地因为冲动惹事？就是因为他们没有对冲动引发的结果进行反思。不反思就不会深刻认识到错误的根源，更不会认识到冲动造成的巨大危害。

无法正视冲动过后的结果除了不去反思之外，还有一种表现就是陷入内疚和后悔中无法自拔。事情发生了就无法再去改变，既然已经无力改变现状，无法弥补过错，就要让自己从冲动中冷静下来，而不要陷入内疚和自责的漩涡中。

一些人因为冲动做出了无法挽回的错事。事情过后，他们认真反思，为过错感到懊恼和悔恨。更为严重的是，他们无法原谅自己，一直沉浸其中。在他们眼中，自己应该受到惩罚，而让自己难受就是惩罚。

冲动犯错后，知道懊恼和悔恨是十分有必要的。但如果一味沉浸在过错之中，用错误来惩罚自己、折磨自己，那就完全没有必要了。因为这种举措是于事无补的，这样做不仅会浪费精力和时间，也会让自己的生活和工作无法正常进行。

面对冲动引发的结果时，坦然接受、承担责任是最好的处理方法。反思过错，改正冲动习惯，是不再冲动行事的重要保障。

过去的终将过去，不要太过执着于过去。没有人不犯错，任何失败和错误都将会被时间带走。不要执着于过去的错误之中无法自拔，要坦然面对，这是从过去走出来的关键。要正视自己因为冲动导致的结果，无论这种结果有多让自己无法接受，都要勇于承担。

从过去的冲动教训中总结经验，不让自己再因为同样的事情产生冲动情绪。更不要重蹈覆辙，出现同样的错误。

当冲动造成的结果已经无法改变，让自己离开当前环境，放松一下身体和精神，是不错的方法。

当冲动造成无法挽回的结果，想从中抽身出来，就要转换一下环境。如果依然处在当前环境中，就会产生过多的消极情绪。

我们应该从冲动造成的结果中吸取教训，过去已经过去，我们需要面对未来，让自己不再出现同样的错误。只有这样，才能全身心地投入工作，这样才能弥补原来的损失，让自己的生活更加充实。

如果长时间沉浸在过错之中，不仅无法过好现在，也很难拥有未来。

当然，上述这些举措更多是冲动造成不良结果后的一些弥补措施。归结到一点，就是要正视我们因为冲动而犯下的过错，不能够将过错完全归结到冲动本身，而为自己开脱。只有直面结果，才能找到控制冲动情绪的方法，防止自己继续出错。

冲动是很难抑制的情绪，但不管怎样，我们都要牢牢将其掌控。不要因为一时的冲动，造成无法挽回的结果。不要因为不敢正视冲动的结果，而继续犯错。

第三章

如何与负面情绪相处

情商高的人面对负面情绪的时候，他们会思考三个问题：

造成负面情绪的事件是什么？

这件事是否真的如自己想的一样？

能否从别的角度去考虑这件事情？

高情商的人也有负面情绪

心理学上将紧张、焦虑、愤怒、悲伤、痛苦等情绪统统称为负面情绪。每个人都会有负面情绪，不同之处在于，高情商的人会让正面情绪在意识中占据主导，而低情商的人则会让负面情绪占据主导。

从通俗意义上来讲，在生活中，没有负面情绪的人，只有被负面情绪所主导的人。负面情绪就像是感冒，出现负面情绪并不是谁的错，也没有谁有权利去指责那些被负面情绪主导的人。但如果一个人长期处于负面情绪主导之下，走不出这种阴影，就要从自己身上寻找原因了。

被负面情绪所主导，会产生各种各样的不良影响。英国心理学家曾对 6 万名成年人进行过调查，发现有近 15% 的人存在或多或少的心理问题。这些不良情绪容易引起心血管病、糖尿病和精神疾病。如果长期处于忧郁状态中，还会增加患癌概率。

许多中风病人的发病都与情绪激动有关，尤其是在愤怒、紧张、焦虑、悲伤等负面情绪影响下。在这些负面情绪剧烈发作过程中，更容易出现中风症状。

　　负面情绪刺激大脑，会引起大脑皮质和丘脑下部兴奋，促使去甲肾上腺素、肾上腺素和儿茶酚胺等血管活性物质分泌增加。这样便会导致血管收缩、血压上升、心率加快，脑血管内压力增大，容易造成脑出血症状。

　　除了对身体健康有影响，负面情绪对心理健康的影响也十分明显。身体上的疾病可以依靠医学手段诊断出来，心理上的疾病却可能隐藏得很深。被负面情绪所主导，常常会对自己的心理健康造成难以消除的伤害。

　　有一个小男孩，他的脾气很坏。为了让他认识到坏脾气的不良影响，父亲给了小男孩一袋钉子，告诉他每次生气都要将一个钉子钉在后院的篱笆上。第一天，男孩钉下了十多个钉子。随着时间的推移，他开始慢慢试着控制自己不发脾气，所以每天的钉子数也逐渐减少，他渐渐发现控制脾气要比钉钉子容易得多。

　　一天，父亲告诉男孩，他可以将所有的钉子都拔出来。拔出钉子后，父亲带着男孩来到后院，对男孩说："你做得很好，但看看篱笆上的钉子孔，这些篱笆已经不能变回曾经的样子了。这和你生气时所说的话、做的事一样，都会留下难以弥补的疤痕。"听了父亲的话，男孩若有所思，从此更加注意控制自己的情绪。

　　男孩长期处于负面情绪的控制之下，为自己的生活增添了很多烦恼。负面情绪所造成的很多影响，都刻在了男孩的生活中。父亲正是想告诉男孩，不要长期被负面情绪控制，不要留下太多无法弥补的过错。

除了会对自身产生诸多负面影响，被负面情绪控制的人，还很容易将负面情绪传递给别人。

当我们被负面情绪左右，向身边朋友倾诉可能是正确的做法。但如果不顾对方感受，将负面情绪统统发泄到别人身上，也会严重影响人际关系。

将负面情绪发泄出来无可厚非，但如果不分对象，将负面情绪如垃圾一般倾倒给别人，就是对他人的不尊重。这样的行为也不会得到对方的尊重，任何伤害他人的情绪宣泄都是不可取的。

在这一点上，高情商的人很懂得合理发泄自己的负面情绪。对于负面情绪，他们并不会回避，而是竭力克制。选择正当的宣泄渠道，了解对象的基本特征，这样能够有效防止自身的负面情绪对他人造成伤害。

高情商的人在解决负面情绪时，会思考三个方面的问题。第一个问题是造成负面情绪的事件是什么，第二个问题是这件事是否真的如自己想的一样，第三个问题则是是否能从别的角度去考虑这件事情。

通过对这三个方面问题的思考，高情商的人就能捋清思路，找到负面情绪产生的源头。在此基础上，再去解决导致负面情绪产生的事件就容易很多了。一些时候，从其他角度思考问题之后，负面情绪就已经减少了很多。

除了思考这三方面的问题外，还有一些简单方法是高情商人士常用的克制负面情绪的方法。

语言是影响情绪的重要工具。当我们悲伤时，可以看一些幽默故事，来消除悲伤情绪。当我们愤怒时，对自己说"别发火，淡定些"，进行一些自我暗示，能够起到调节情绪的作用。

与语言一样，环境也对情绪调节具有重要影响。当我们感到压抑时，不妨到宽阔的地方散散心，这样能够让内心感到放松。当心情不愉快时，到游乐场玩一整天，也会消解烦闷情绪。

情绪转移也是一种克制负面情绪的方法。情绪转移并不是将负面情绪转移到别人身上，而是利用其他事件或话题来转移注意力。当我们因为一件事情不高兴时，去做一些别的事情，听听音乐、唱唱歌、跑跑步，都有助于转移负面情绪。

想要摆脱负面情绪的控制，最好的方法就是将其发泄出去。产生负面情绪之后，不要将其压抑在心底，可以找好朋友或亲人倾诉，也可以自己一个人大哭一场。每个人都有自己独有的情绪宣泄方法，情绪宣泄时，要注意发泄对象、地点和方法要适当，一切要以不影响和伤害他人为底线。

每个人都应该有自制能力，产生负面情绪之时，可以使用自制的方法让自己平静下来。自制并不是压抑，自制是自觉行为，是经过思考后采取的行动，而压抑则是不知所措的错误反应。

高情商的人大都善于自制，他们拥有一套属于自己的情绪处理方法，一旦陷入负面情绪控制之中，就会马上通过自制进行自我保护，随后再寻找适当的方法将负面情绪逐步消解。

负面情绪的源头可能是负面事件、负面经验，也可能是负面的习惯。一旦负面情绪产生，就要及时加以控制和疏导。当负面情绪超出了控制范围，就会让人陷入负面情绪之中，难以自拔。

胡乱发泄和压抑情绪都不是面对负面情绪的正确做法，高情商人士懂得合理疏解负面情绪。很多时候，让内心平静下来，多关注一些美好的东西，学会"断舍离"，负面情绪就会远离我们。

打开心灵的门，与孤独和睦相处

"孤独感"可能是现代人最常产生的情绪。什么是孤独感？心理学家曾提出，孤独感就是感到自己与世界隔绝，内心中充满孤单寂寞的心理状态。

有人说孤独会让人成长，也有人说孤独会让人发狂。这些论断都有道理，但更多时候，孤独感带给人的主要是挫折、寂寞和躁狂的感觉。更为严重一些，还会让人产生厌世轻生的念头。

汪国真曾说："孤独若不是由于内向，便往往是由于卓绝。太美丽的人感情容易孤独，太优秀的人心灵容易孤独，其中的道理显而易见，因为他们都难以找到合适的伙伴。太阳是孤独的，月亮是孤独的，星星却难以数计。"

这是独孤求败式的孤独，因为他人难以企及，所以在高处感到异常孤独。这并不是现代普遍意义上的孤独，现代的孤独更多是情感上的空虚和寂寞所导致的孤独。

一些人由于失去亲人，缺乏必要的沟通能力，只得到处流浪。那些生活在孤独环境中的人们，不懂得付出情感，也不能接受他人的情感，因而造成了情感和心理上的孤独。如果这种孤独和敏感、躁狂、冲动等心理情绪交织在一起，就会引发出极为强大的负面能量。这会让孤独者在行为上表现出抗拒和逆反，严重一些的甚至走上危害社会的道路。不仅伤害了自己，还会伤害到别人。

汪国真的话只说了一半，关于孤独，他在后一半的内容中说道："人都难以忍受长期的孤独。意志薄弱的人为了摆脱孤独，便去寻找安慰和刺激；意志强的人便去追寻充实个性超脱。他们的出发点一样，结局却有天壤之别，前者因为孤独而沉沦，后者因为孤独而升华。"

汪国真话中所说的后者正是高情商的人，这些人懂得利用孤独，会在孤独中奋起。而低情商的人因为意志薄弱，只会在孤独中沉沦。

从心理层面上来讲，人都是孤独的，知音难求，孤独难解。之所以会如此，就是因为我们希望别人能够彻底了解自己，但这显然是不可能的。很多时候，当别人对我们不够了解时，我们就会产生孤独的感觉。这种孤独感本不会造成多大的影响，但如果与负面情绪相结合，影响就会无限扩大和恶化。

当父母不认可时，当恋人提出分手时，当与好朋友的价值观产生出入时，当无法融入新公司时，孤独感都会油然而生。无法得到他人的理解，成为我们被孤独围困的一个重要原因。

相较于中年人，青年人更容易产生孤独感。作为人生发展的一个重要阶段，青年时期是从未成熟向完全成熟过渡的一个重要时期。这一时期，青年人不仅生理上会发生明显变化，在心理上的变化也是十分明显的。

　　这一时期，青年们往往以为自己已经成熟，但实际上，他们对于社会和生活的了解还有明显不足。这种时候，青年们常会感到自己不被理解，进而产生莫名其妙的孤独感。加之青年们正处于情绪敏感时期，所以常常会陷入孤独中无法自拔。

　　美国心理学家尤金·肯尼迪曾说："当前的关键问题是人们拒绝为友谊付出代价，也不理解友谊的真正代价。因为他们首先想到的不是给予，而是索取。一旦朋友失业、重病或声誉扫地而对自己再无用处，甚至还会带来不利影响的时候，就避而远之。这样就不可能结交上真正的朋友，因为真正的朋友往往是在逆境和患难中，用正直与忠诚才能换来的。"

　　与此同时，肯尼迪还谈到青年产生孤独的原因，往往是对他人过分多疑，以至于失去对他人的信任。这与青年人的心理发展特点是相吻合的。

　　产生孤独感都是因为疏离了群体。引发原因可能各有不同，结果都是将自己圈在了自己的"小天地"中。当产生孤独感之时，如果不及时加以摆脱和消除，就会逐渐陷入其中，再加上其他负面情绪的影响，就会让孤独感倍增，逐渐被负面情绪所控制。

　　既然孤独感的产生，是因为我们将自己关了起来，那摆脱孤独感的方法，就是要设法让自己走出那个"小天地"。多去接触一些人，多去了解一些事，不仅有利于排解孤独感，还有利于更好地认识整个社会，认识我们的生活。

　　具体来说，消解孤独感，可以从以下几个方面着手：

　　第一，多与人交流。和谐的人际关系能够消解孤独感，多与身边的人交流，密切彼此间的联系，这是排解孤独的最直接方法。深入思考会发现，孤独感很多时候是我们自己带来的，越不与人交流，孤独感就会越深刻。一旦敞开心扉与他人畅谈，孤独感就会逐渐烟消云散。

与人交往的过程中，不同的沟通对象会带给我们不一样的交流体验。出租车司机会和我们谈对整个城市的看法，服装销售员会和我们谈当前的流行穿搭款式，菜市场的阿姨会和我们谈小区内外的家长里短。多与不同的人交流，我们就会获得不同的沟通体验，并在沟通中感受到生活的温暖。

第二，多接触大自然。很多人会认为自己不与别人打交道，是因为想独处，亲近大自然。这种想法只对了一半，一个人独处是真，亲近大自然则并不确切。真正亲近大自然是全无杂念地观赏大自然的美景，感受大自然的心跳和脉动。而不是断绝视听，不与外界发生关联。

多接触大自然能够排解孤独感，自然界的一草一木都能够带给我们不一样的体验。大自然具有天然的疗愈作用，它会给每一个人恩赐。置身大自然，不仅呼吸会更加舒畅，整个人的心情也会变得开朗起来。

第三，用兴趣爱好赶走孤独。孤独并不可怕，正如汪国真所提到的一样，有的人正是在孤独中获得了卓绝的成就。因此，很多时候，我们也要善于利用孤独。一天 24 小时，除了正常作息，每个人都应该拥有一段独处时间。这段时间如果虚度过去，就会感到孤独，如果充分利用，就会受益匪浅。

独处时，我们可以学习一些一直想学的东西，尝试一些兴趣爱好，通过行动来排解孤独。如果一动不动地坐在原地，孤独的心绪就会把我们包围。如果我们行动起来，孤独就会逐渐退去。

孤独感是正常的心理情绪，正视孤独才能消解孤独。在生活中，不要一味将孤独看作负面的东西，在孤独中，如果能够抵制住负面情绪的侵袭，孤独也未尝不可。千百年来，在那些成就伟业的人中，有不少人是在孤独中奋发，成就了一番事业。如果能够正视孤独，善用孤独，那就试着与孤独和睦相处吧。

不做阿 Q，但要有阿 Q 精神

　　闲人还不完，只撩他，于是终而至于打。阿 Q 在形式上打败了，被人揪住黄辫子，在壁上碰了四五个响头，闲人这才心满意足地得胜地走了，阿 Q 站了一刻，心里想，"我总算被儿子打了，现在的世界真不像样……"于是也心满意足地得胜地走了。

　　阿 Q 想在心里的，后来每每说出口来，所以凡是和阿 Q 玩笑的人们，几乎全知道他有这一种精神上的胜利法，此后每逢揪住他黄辫子的时候，人就先一着对他说："阿 Q，这不是儿子打老子，是人打畜生。自己说，人打畜生！"

　　阿 Q 两只手都捏住了自己的辫根，歪着头，说道："打虫豸，好不好？我是虫豸——还不放么？"

　　但虽然是虫豸，闲人也并不放，仍旧在就近什么地方给他碰了五六个响头，这才心满意足地得胜地走了，他以为阿 Q 这回可遭了瘟。然而不到十秒，阿 Q 也心满意足地得胜地走了，他觉得他是第一个能够自轻自贱的人，除了"自轻自贱"不算外，余下的就是"第一个"。状元不也是"第一个"么？"你算什么东西"呢？

　　　　　　　　　　　　　　　　　——鲁迅《阿 Q 正传》

阿 Q 是鲁迅先生笔下的人物，也是"精神胜利法"的开创者。阿 Q 总是在受到欺辱时，认怂求饶。事后又用自我安慰的方法，自认为是"胜利者"。阿 Q 总是"战无不胜"的，他也是快乐的。

阿 Q 生活的环境并不好，人生的机遇也可以说是糟糕透顶，但直至人生终点，阿 Q 的心态依然是积极的。我们不管阿 Q 的想法和做法是否正常、正确，至少从结果论上来讲，阿 Q 要比同时代每一个人都快乐，因为他懂得让自己保持一个良好心态。

"精神胜利法"一直都是阿 Q 精神的代名词，但实际上，鲁迅先生笔下的阿 Q 精神，并不仅仅只有"精神胜利法"这内涵。单从"精神胜利法"方面，也有很多值得我们借鉴的地方。

小王和女友相约去游乐场玩耍。经过一片平坦道路时，小王和女友在车上聊得正欢，突然，"咚"的一声巨响，高速行驶的汽车开始失去平衡，小王凭借敏锐的判断和高超的驾驶技术，将汽车开到路边停下。下车之后，小王才发现汽车的右前胎爆掉了，汽车轮毂也出现了较大磨损。

原来在平坦的路中间，不知怎么出现了一个很深的长条坑，小王正巧高速驾车从上面经过。事已至此，小王并没有生气，他一边冲着女友苦笑，一边给汽车修理厂打电话。女友显然被刚刚的险情吓坏了，满脸委屈和害怕。

小王走到女友面前，双手架在女友的肩膀上，笑着说道："看我这停车技术怎么样？看样子老天是成心不想让我们开车去玩啊。等一会拖车来了，把车拉走，我们打车去游乐场吧。车里面你要带着的零食，可要自己拿一半啊。"

　　听到小王的调侃，女友顿时笑了起来。惊恐消失得无影无踪，她摆脱小王的双手，走到小王背后，一下子跳到了小王身上，委屈地说道："那你要背着我才行！"等到修理厂拖车将车拖走后，交代好修理问题，小王和女友高高兴兴地打车去了游乐场。

　　看完上面的故事，很多人会觉得小王和女友的心也太大了，就为了去个游乐场，白白搭上了几百块的轮胎钱。遇到这种事情，竟然还有心情去游乐场，这心态也真是太好了。

　　确实，小王和女友的经历算不上好，但在小王眼中，这件事并不算坏。一方面，遇到危险，小王及时将车停到路边，化解了危险，保证了两个人的生命安全，这应该算是幸运。另一方面，如果因为汽车故障，放弃去游乐场，那在很长时间内，小王和女友都会沉浸在失望和难过之中。

　　从这两方面来看，小王处理问题的方法似乎是最正确的做法。仔细来看，这似乎与阿 Q 的"精神胜利法"很是相似。正常来说，平白无故爆胎，任谁都会生气烦躁，甚至有人还会指着"肇事"的大坑骂上几句。

　　仔细想一下，这样做的结果会怎样呢？心情肯定是不好，修车的钱依然要自己来掏，游乐场可能也去不成了，女友还会暗暗在心里埋怨。再延伸下去，乱发脾气会不会让女友对自己心生冷淡之意？这样想来，负面影响是无穷无尽的。

　　但再看小王的做法，小王只是付出了修车和打车的钱，心情不好、女友抱怨通通消除了。延伸一些，小王的举动还可能让女友很有安全感，进一步增进彼此的感情。这样想来，一件倒霉事，似乎给小王带来了很多积极的影响。

这样看来，阿Q的"精神胜利法"似乎起到了积极作用。当然，鲁迅先生笔下的"精神胜利法"更多是表现阿Q自我麻痹的心理状态。我们在应用时，不应该吸收自我麻痹的部分，而应该懂得让自己看到更多积极的因素。这样才能真正成为"精神上的胜利者"。

除了"精神胜利法"外，阿Q精神中，还有一个很值得学习的方面，就是其中的豁达大度。当阿Q遇到不顺心的事情时，总会为自己找到一些理由开脱。他从不为名利而苦恼，更不会因为别人的看法而妄自菲薄。相较于那些套上虚假外衣的人们，阿Q的豁达大度似乎更值得我们学习。

心理失控的人非常适合学习一下阿Q精神。这样能够让自身得到解脱和安慰，不至于因为心理上的压力得不到正确疏导，而做出丧失理智的事情。

当然，在应用阿Q精神时，也需要慎重。正如少量吗啡能够减少疼痛，大量吗啡容易产生药瘾一样，如果盲目应用阿Q精神，不考虑具体的现实情况，就很容易变成阿Q。这是得不偿失的，阿Q精神值得学习，但阿Q是万万学不得的。

忘却是一剂良药

人的一生是短暂的，生命是脆弱的。如果背负的太多，不仅会费时费力，还会劳心伤神。对于那些不能拥有的，忘记是最好的处理方法。忘记那些不该记住的东西，忘记那些不属于自己的东西，只有这样，才能为人生减轻负担。

人生在世最重要的就是经历，无论是痛苦还是快乐，都是生命存在的印记。没有哪个人的人生是完美无缺的，对于那些不完美的经历和记忆，要学会忘记和放下。悲情故事看得多了，整个人也会变得悲伤起来。

在生活中，很多人陷入悲伤都是因为执着于过去不放。无法忘记失败，无法忘记遗憾，也无法忘记不能获得的情感。甚至日升日落、花开花谢都会增添他们的烦恼。太过刻意去追求，无法放手和忘记，成为烦恼产生的源泉。

拥有同样经历的两个人，一个人懂得放下和忘记，另一个人却执着于获取，他们的人生也是截然不同的。

老和尚带着小和尚下山化缘。二人走到河边，发现一个女子正要渡河，却犹豫不前，不敢过去。女子向两个和尚寻求帮助，老和尚将女子背过了河，女子表达感谢后匆匆离开。

老和尚的举动让小和尚心存疑惑，他很奇怪为什么师父会背一个女子过河。虽然好奇，但他却不敢开口询问原因。就这样，两个人一同走了 10 里路，小和尚实在有些忍不住了，便向师父提出了疑问：“师父，我们是出家人，您怎么能背那个女子过河呢？”老和尚听到弟子的问题，平淡地说道：“我把她背过河后就放下了，可你却背了她 10 里还没放下。”

仔细想来，老和尚所说的话似乎充满了人生道理。人生就像一场旅行，沿途会经历许多不同的风景，同时也会遇到很多的崎岖与坎坷。如果在路上背负得太多，就会为自己增加额外的负担。负担越重，压力也就越大，这样想来，倒不如一路走来，什么也不带走，轻装上阵，才能看到更多的风景。

只有学会忘记，才能获得心理平衡。有些人可以忘记失落时的为难和痛苦，却对顺境时的得意念念不忘，殊不知顺境与逆境只是硬币的正反面，得失只在一瞬之间。所以，无论是顺境，还是逆境，不重要的都要学会忘记。

而始终无法忘记过去，沉溺于往日时光中，则会丢掉今天与未来的精彩。印度诗人泰戈尔曾说：“假如你为失去太阳而哭泣，那你也将会失去星星。”如果总是计较那些已经过去的事情，为鸡毛蒜皮的小事而耿耿于怀，就会让内心负担累累，没有办法再去承载今日的美好。

忘记不仅是放下，同时也是忽略。

每个人都应该学会忽略，这并不是懦弱，而是必要的生活技能。当我们一无所有之时，就要厚积薄发，忽略别人的冷漠鄙夷。当我们遭遇挫折之时，就要吸取教训，忽略别人的冷嘲热讽。

忽略能够为自己带来解脱，是重要的减压方法。忽略那些并不重要的东西，忽略那些影响心神的东西，这样可以让自己活得更简单、更轻松。这样更能够让我们专心于重要事情，提高办事效率。

忽略同时也是一种自我加强，忽略那些本不重要的细枝末节，就相当于减轻了自己的负担。背负得越多，越会感觉行动不便，只有轻装上阵，才能所向披靡。

《关雎》中有"窈窕淑女，寤寐求之。求之不得，寤寐思服"的表述，既然求之不得，就要学会忘记。当然，也有人说"心诚则灵"，只要肯下苦功夫，总有一天会有所求得。但在这个过程中，如果始终有着"悠哉悠哉，辗转反侧"的经历的话，学会忘记似乎是更好的一个选择。

忘记那些自己无法承载的东西，对自己就是救赎与释放。之所以我们现在还无法承载这些东西，是因为我们的能力还有所不足。如果依然执着于"求得"，而不去寻找方法改变自己，就会一直面对"求之不得"的困境。所以，放下或忘记才是最为正确的选择。

当然，并不是什么事情、什么经历都是可以忘记的。一方面，那些独特的经历是我们人生重要的印记，记录着我们人生旅途的辛酸苦辣；另一方面，过去的经历经验对于我们未来的人生，也有着很好的借鉴意义。因此，我们所要忘记的是那些负担和负面情绪。

学会忘记忧愁。忧愁并不是具体的概念，忘记忧愁是要我们遇到挫折和困难时，多看好的方面，不要将目光集中在事件的负面，而产生忧愁情绪。忧愁容易让人消沉，让人失去继续努力的劲头。长时间处于忧愁情绪中，不仅会影响心理健康，也会影响人际关系。

学会忘记失败。忘记失败的意义更多是让我们从失败中走出来，不要在失败的旋涡中越陷越深。但从失败中获得的经验不仅不能忘记，还应该牢记在心中。如果同一件事情屡次失败，就要反思自己是否依然在失败的旋涡中，是否吸取了曾经失败的教训。

学会忘记他人的过错。在这一方面，忘记变成了一种宽恕。忘记他人过错不仅是对他人的宽恕，也是对自己的解脱。在人际交往中，尤其是男女关系中，很多男女分手后，都无法走出这段关系，没有办法原谅对方。

其实，一段关系结束之后，再去执着于谁对谁错已经没有什么意义了。忘记对方的过错，放过了对方，也放过了自己，这样才能更好地展开新的生活。很多人就是揪着他人的错误不放，结果生活变得一团糟，这是最不值得的事情。

每天太阳东升西落，快乐是一天，不快乐也是一天。与其让自己执着于不快乐的经历，不如选择忘记，然后去创造快乐的经历。时间不会为任何人停留，再怎么攥紧过去，它也会从指尖流走。

在人的一生中，忘记是医治心灵创伤、减轻负担的最好方法。

学会忘记能够让心态更加平和，学会忘记能够让精神更加轻松，学会忘记能够让生活更加美好。忘记有一种非凡的力量，想要在前进的道路上走得更顺畅，就要学会忘记。

想哭就大哭一场，哭完就重新上妆

我们经常会受到来自各个方面、各种各样的委屈。同事的排挤、领导的指责、朋友的误会，这些经历会让我们焦虑、不安。如果这种焦虑情绪不断累积，不能发泄出来，就会影响我们的正常生活。

随着社会竞争日趋激烈，越来越多的人难以适应，由此产生了各种各样的心理问题。环顾四周，我们会发现很多痛苦、压抑和焦虑的人。有的人为家庭忧心忡忡，有的人为工作焦虑不安，有的人则被压力搞得精神衰弱。有的人因为烦恼和压抑，整日抑郁不安，精神恍惚。有的人因为无法适应社会、摆脱烦恼，而选择结束生命。现今社会，如何排解内心烦扰已经成为每个人都必须面对的问题。

负面情绪郁积过多，会对身心造成极大损害。选择合适的方式发泄出来，是消解负面情绪的最好方法。

心理学家指出，适度发泄情绪是进行自我调节的重要方法。在充满压力的社会中，如果长期情绪消极，很可能使我们变得精神异常，出现偏执、精神分裂等心理疾病。

在工作和生活中，发泄是释放心理压力、进行自我保护的重要方法。但有些时候，一些人因为性格上的原因，会出现过度发泄的现象。他们往往不会考虑时间、对象和场合，只知道发泄，而不在乎是否伤害到了其他人。更有一些人在发泄情绪时容易走极端，发起脾气来没完没了。

这些发泄情绪的方式都是不可取的，选择这些方式进行发泄，往往无法得到好的效果。

东晋大臣王述是个性情暴躁的人，他非常喜欢吃卤鸡蛋。一天，厨师特意为他准备了卤鸡蛋，看到卤鸡蛋，王述的口水似乎都要流下来了。他拿起碗筷准备开吃，但想不到鸡蛋太滑，怎么也夹不上来。这可气坏了王述，他开始用筷子去叉鸡蛋，但尝试了好多次，依然没有成功。

王述大发雷霆，他将整盘鸡蛋都掀翻在地。鸡蛋掉到地上滚来滚去，这让王述更加气愤，他走上前想要把鸡蛋踩碎。但谁承想，踩了几次依然没有踩到鸡蛋。王述开始破口大骂，同时从地上捡起一个鸡蛋放在嘴里，嚼碎之后又狠狠地吐了出来，以此来发泄愤怒。

王述发泄愤怒的方式有些可笑，直到最后，他的愤怒也没有消减多少。在控制和发泄情绪方面，王述所做的显然不够好。在日常生活中，我们要学会控制情绪，调整情绪，同时也要选择适当的方式去发泄自己的情绪。

发泄情绪的方式有很多种，包括此前讲到的深呼吸、与人沟通、做游戏、做运动，都能够起到消解负面情绪的作用。其实，在所有情感宣泄方式中,"哭"是一种最为直接的行为表达方式。

从心理学角度来说,每个人都拥有心理免疫系统。当遭遇到情绪失控时,大多数人都会通过心理免疫系统来缓解和自我调节。那些不能自我调节的人,往往会出现心理上的疾病。科学研究表明,长期不流泪的人患病概率要比普通人高一倍,而一些精神分裂症患者中,长期不哭的人也占多数。

从许多大地震中,心理学家总结出了一个定律:在地震发生后,幸存者在产生焦虑情绪后会抑郁,而严重抑郁则会导致轻生的举动。因此,在大灾难发生半年之后,往往是灾区自杀行为高发时期。

抑郁症已经成为当前人类心理健康的一个严重威胁,抑郁症之所以可怕,是因为它会导致患者产生自杀行为。数据显示,在自杀人群中,因为抑郁症没有得到及时、有效治疗最后导致死亡的人数占总人数的40%。抑郁症患者的自杀概率要比普通人高20倍,超过2/3的抑郁症患者都曾有自杀想法和行为。

在众多缓解抑郁症的方法中,哭算是一种较为有效的方式。哭可以将情绪宣泄出来,对于长期压抑自己情绪的人很有帮助。合理的哭泣能够减轻抑郁症状,对于舒缓情绪有着重要作用。

美国心理学家威廉·弗莱对哭泣进行了长时间研究,他发现,在一个月之中,男人最多哭7次,而女人流泪的次数则超过30次。美国南佛罗里达大学研究发现,哭泣缓解情绪的有效率为90%。相较于抗抑郁药,哭泣似乎更能起到自我安慰和提升情绪的作用。

鉴于哭泣对情绪缓解的作用,日本东京新宿区的四谷三井花园酒店专门为女性设立了"哭泣间"。在这里,女性顾客可以尽情哭泣。

为了帮助女性哭泣，房间还提供了高档纸巾、卸妆液和蒸汽眼罩等工具。女性还可以通过观看房间中的催泪漫画和电影辅助哭泣。

当然，上面所提到的哭泣，都是适当程度的哭泣。如果哭泣难以得到有效控制，其不仅无法发泄情绪，还会让负面情绪加剧。

控制好哭泣的时间。人的哭泣是为了宣泄负面情绪，处于负面情绪控制下，最好不要太长时间哭泣。一般来说，3～5分钟的哭泣时间，既能让我们宣泄不良情绪，又能确保神经系统不会因为过度伤心而出现紊乱。

通过哭泣发泄负面情绪时，一定要控制好哭泣时间和程度，过度哭泣只会让负面情绪更为严重。在哭泣过程中，可以通过深呼吸来控制自己，通过这样的干预让自己的情绪逐渐平静下来，而不是陷入无休止的悲伤之中。

寻找相对安全的空间哭泣，能够避免受到再次伤害。在公共场合哭泣，不仅不能起到发泄情绪的作用，反而会让自己更悲伤、更难过。在安全的环境中，情况就会有所不同，自己独处的空间不仅可以起安定心神的作用，同时也能让自己更好地整理思绪。

有的人哭泣时，总是会陷入内疚和自责之中，认为这种行为是错误的。实际上，抱着这种心理哭泣，对于发泄情绪并没有益处。哭就要放开心扉，不要再让内心处于混乱、纠结的状态。

如果觉得自己哭不出来，可以通过看一些悲情的电影或小说，听一些悲情的歌曲来帮助哭泣。此外，一些悲伤的姿势和行为也会引发悲伤情绪，帮助哭泣。

使用哭泣的方法发泄情绪时，要始终记住，哭泣只是一种手段和方法。其目的是让自己的心情平静下来，不被负面情绪所控制。如果觉得哭泣会加重自己的负面情绪，那最好不要使用这种方法去发泄情绪。

生活中的一些琐碎烦恼，很多时候只要大哭一场就会烟消云散。哭完之后就要及时整理好自己，不仅要整理好仪态，更要整理好心态。

别让"心理落差"影响你的情绪

生活中，我们经常会遇到这样的情况：一位朋友原本答应自己这周末出去逛街，为此你精心搭配好服装，化好了妆，可正要出门时，朋友却说临时有事，没法去了。

这种时候，我们不仅会大失所望，还会生气怨恨朋友不守信用。如果处于这种情绪控制下，我们接下来的行为和决策很容易受影响。

我们为什么会在这种时候产生负面情绪呢？原因在于期望落空之后产生的心理落差。心理落差指的是对自己期望过高，却无法实现，理想和现实之间产生落差。上面提到的情况中，产生心理落差是因为自己对与朋友出去逛街期望过高，朋友临时有事，没有达成与朋友逛街的愿望，因而陷入负面情绪之中。

心理落差就是心理预期和现实结果之间的差距，这种差距的产生会带给我们一种负面的情绪。其实，心理落差所带来的负面情绪，很多都是我们自己臆想出来的烦恼，并不会真实发生。

　　小王在一家房地产公司工作，短短一年时间，就成为公司的骨干。有重要的工作，领导总是第一个交给小王。但一次，因为领导交付的一项工作没有完成好，小王被老板在会上点名批评。

　　工作没有完成好，小王内心本就已经非常自责了。被领导在大会上点名批评，小王更是觉得在公司中无地自容。更严重的是，小王产生了很多无端的烦恼，他经常会想领导不信任自己了，不会将重要工作交给自己了，自己年底晋升的机会也不复存在了。

　　这些臆想的烦恼始终影响小王，他在工作和生活中的表现也开始大不如前。其实，领导依然很信任小王，在大会上点名批评，也只是想鞭策小王继续努力。领导原本打算年底晋升小王做部门经理，但因为小王近期的表现，领导也开始犹豫起来。

　　在上面的故事中，小王因为没有完成领导交代的工作，所以心生自责。被领导在大会上点名批评之后，感到无地自容。这两种负面情绪都是真实存在的，是由真实发生的事件所引发的。

　　而小王在后面工作和生活中的消极表现，却是因为受到了其他负面情绪的影响。这些负面情绪就来自他被领导批评后的一系列臆想，这些臆想为小王带来烦恼，而烦恼滋生了许多负面情绪。最终，这些负面情绪通过小王的工作和生活表现了出来。

　　正是因为被点名批评这件事，让小王产生了心理落差，而落差又让小王臆想出了许多不必要的烦恼。如果烦恼不及时消除，就会滋生出负面情绪，影响人的行为和决策。

　　研究表明，人类大脑并不能同时处理情绪和思考，要么大脑处于情绪支配下，要么大脑正在进行理性思考。也就是说，在出现负面情绪时，如果能够调动理性思考，就能有效控制情绪。

这里所涉及的一个重要方法就是"转换"，通过转换大脑的运转模式来调节情绪。当心理落差出现，让自己臆想出许多烦恼，滋生出负面情绪时，要及时"转换"。

这里的"转换"有两种不同的方向。

第一种方向是依然让大脑处于情绪支配下，不过要摆脱负面情绪。我们可以通过看一些喜剧电影，或者进行一些轻松愉快的游戏，来让自己沉浸在美好的氛围中。在美好的氛围中，能够将美好的体验放大，进而产生美好愉快的情绪。这样大脑虽然还处于情绪支配下，却已经摆脱了消极情绪的控制。

第二种方向是让大脑摆脱被情绪支配的模式，让理性思考代替情绪控制。我们可以选择一些宣泄情绪的方法，或者与别人进行沟通。在这个过程中，情绪对大脑的作用会逐渐减弱，思考能力会被逐渐调动起来。这样负面情绪也就得到了抑制。

这两种"转换"方式在应用时可以表现为很多不同的方法。具体采用哪种方法转换，除了要看当时的背景条件如何，还需要看哪种方法更适合我们。

自我暗示是一种有效阻断负面情绪影响的方法。通过积极的自我暗示，可以为大脑灌输更多积极因素，用积极情绪代替大脑中的消极情绪。

自我暗示的效果取决于应用者本人对这种方式掌握得是否熟练，想要让自我暗示取得良好效果，就要不断训练这种能力。通过这种能力来及时转换情绪，是高情商人士必须掌握的技巧。

有研究表明，爱自拍的人更容易从负面情绪中走出来。从某种程度上来讲，自拍行为可以看作是一种自恋，同时也可以算作对自己的一种积极肯定。

很多时候，自恋并不是坏事。每个人都应该对自己有一个满意的评价，对自己的形象有一个清楚的认知。多发现一些自己的优点，多给自己一些肯定，对于摆脱负面情绪具有很重要的意义。

将心态放平是应对心理落差的最好方法。很多事情并不能以我们的意志为转移，让它发生它就发生，不让它发生它就不发生。对于任何事情，都不能一味期待成功，要随时做好面对失败的准备。

放平心态也是应对负面情绪的重要方法，产生负面情绪时，有些人很难平静下来。拥有平和心态的人，相对会更少受到负面情绪的影响。减少了负面情绪的影响，才能更好地理性思考。

心理落差带来的失望会让人心碎，过大的心理落差甚至会让人心生绝望，走向歧途。情绪能够对我们产生影响，关键是看我们怎样去面对它。正确认识和对待负面情绪，积极采取措施摆脱负面情绪，是情商修炼的重要内容。正确应对心理落差，不要让负面情绪影响我们的行为。

第四章

超越自卑，情商高的人从来不追求完美

我们生而不完美，一切的努力和奋斗，其实都是为了使自己接近完美。做好现在的自己，努力完善自己，用心对待他人，"不完美"才是人生常态。

高情商的人从来不追求完美

人生在世，不完美之事十有八九。每个人的人生都会有所欠缺，高情商的人从来不会去追求完美。每一种生活都自有其乐趣，让人快乐的并不是财富的多少，而是人生态度有多好。

在生活中，过分追求完美只会让我们活得很累，不完美才是生命常态。人生不必太过圆满，有个缺口才是最美的。如果拥有的东西太多，当苦难来临时，就会手足无措，没有办法坦然面对。生命的美好正是在于它的不完美。

有的人拥有美貌却无法获得幸福，有的人家财万贯却落得妻离子散，有的人实现了梦想却失去了快乐。想要寻找到十全十美的人实在太难了。

每个人似乎都在步履不停地追求完美，在一次次长途跋涉中寻找，匆匆忙忙之间，日出日落。追求完美的人永远也无法如愿，只能在旅途中留下遗憾。遗憾才是生命的常态，人生过程的精彩要比结果更重要。

世间万物都不会有绝对的完美，能够容纳些许不足，人生才会更加丰富、美好。平静的湖水静谧美丽，投入一颗石子，会让湖水多出一些俏皮的涟漪。平淡的人生多一些波折，才会更有活力。只有感受到生活的苦，才能发掘到甘甜。

追求完美不仅是一件劳累身心的事情，很多时候，过于完美还可能会招来杀身之祸。

战国时期，秦国打算进攻楚国，王翦要求秦王派 60 万士兵，而李信则认为只要 20 万就可以。于是秦王启用李信和蒙恬出征楚国，王翦告病休养。秦国兵败后，秦王自己跑到王翦老家，王翦依然坚持要 60 万士兵才肯出征。秦王只得将秦国 60 万士兵交给了王翦。

出征路上，王翦不断向秦王要求赏赐。秦王并没有生气，而是一一答应了王翦的要求。王翦的谋士十分好奇，他知道王翦并不是贪图富贵之人，便向王翦询问原因。王翦对谋士说道："秦王是个多疑的人，现在他将整个国家的士兵都交给了我，如果我不这样去做，秦王必定会怀疑我。现在我向他讨要诸多赏赐，他就会觉得我是一个贪小便宜的人，反而会更加放心将士兵交给我。"

王翦作为秦国大将，出征楚国本不需要带 60 万大军。之所以要求秦王为自己配备重兵，就是向秦王示意自己军事上的"无能"，这样便不会让秦王有过多猜疑。而屡次向秦王讨要赏赐，目的也是向秦王展现自己的贪图富贵、爱占小便宜的形象，这样自己就不会成为秦王眼中"威胁统治"的存在。

王翦这种追求"不完美"的处世态度，让其在乱世中明哲保身、安逸终老。相较于同时代的战神白起，王翦并没有过多显示自己在军事上的才干，他的低调圆融让其得以保全自己。与王翦一样，在中国历史上，还有一位追求"不完美"来保全自己的人，这个人就是汉初三杰之一的萧何。

汉朝建立之后，追随刘邦的一批文臣武将得到善终的并不多，萧何算是一个特例。当初，萧何月下追韩信时，刘邦就误以为萧何背叛自己逃跑了。汉朝建立后，四方百姓都知道萧何的功绩，一时间，百姓夸赞萧何的声音四起，这时刘邦又开始猜忌起萧何来。

萧何很清楚，如果继续让刘邦猜忌下去，自己早晚会和韩信一个下场。为了保全自己，萧何故意安排家人做了一些坏事，萧家人不时会欺压几个老百姓，霸占一些老百姓的东西。除了让家里人做些坏事，萧何自己也贪了一些钱财。时间一长，老百姓开始咒骂萧何，骂声一起，刘邦也就不再怀疑萧何了。

在古代，"不完美"成为大多数官员常用的自保方法。试想，如果一个人的魅力超越了天下之主，他还怎么能获得好下场呢？正是深谙此中道理，中国历代官员都会选择用"不完美"来掩饰自己，这正应了那句"人怕出名猪怕壮"。

车尔尼雪夫斯基曾说："既然太阳上也有黑点，'人世间的事情'就更不可能没有缺陷。"正是如此，我们生活的世界并不完美，我们在一生中，会遇到数不尽的艰难困苦。每个人的生命都会有欠缺，为此，我们只能不断调整心态，不断改变自己，只有这样才能更好地生存下去。

现代社会，一些青年人总是苛求自己，他们的眼光很高，不允许自己存在一点失败，希望事事都能顺心如意，做到十全十美。这种心态让他们在生活中，经常有如走钢丝一般，遇到一点小问题就会倍感挫折。

因为对自己的过高要求，他们的内心极不稳定，经常锱铢必较，一点小事就会让他们大发雷霆、责怪自己。他们明知道这样活得很累，却不想寻求解脱，仍然按照自己的完美标准行事。

除了苛求自己，他们还会要求别人按照自己的完美标准行事，自己做不到的事情却要求别人全力做好。他们认为自己的完美标准是为了别人好，却并不知道让别人完成根本无法完成的工作，是在伤害他们的自尊心。

在人际交往中，这些人总是以自我为中心，动不动就指责他人。他们自认为是在追求完美，但实际上只是在独断专行。

高情商的人并不会将完美作为自己的人生准则，他们会接受不完美的自己，也会接受不完美的别人，这是一种正确的为人处世之道。知道自己的不完美，会让自己更有前进的动力。知道别人不完美，便不会将自己的价值观强加在别人身上。

在生活中，每个人都要接受人生的不完美，不要去追求虚无缥缈的完美。做好现在的自己，努力完善自己，用心对待他人，不完美才是人生常态。

不服气，不认输，就别怨天尤人

一些个性倔强的人，面对困难和挫折，总是不服输。这是一种优秀的品质，这些品质能够帮助他们克服眼前的困难。同样，生活中还有一些个性倔强的人，面对困难和挫折，他们也会不服输，但总是怨天尤人，不积极解决问题。

这些人在遇到困难和挫折时，总是怨天尤人，认为自己的不成功是因为条件不足。相较于总结失败教训，他们更擅长寻找各种理由。沉迷于找理由的他们，很难从困难和挫折中重新振作，抱怨这抱怨那，最终让自己停滞不前。

在工作中，怨天尤人的人会抱怨工作辛苦、领导苛刻、顾客麻烦。他们看不到其他人通过踏实工作寻求进步，通过自学提高能力。同样是在上班，其他人的经验和能力在不断提升，他们自己却依然在原地踏步。在职场上，他们习惯将他人的成功当作偶然，而将自己的郁郁不得志当成是命运不公。

怨天尤人的人总会看到他人身上的缺点和问题，认为对方对自己不够真诚。各种各样的情绪变化会让与之交往的人感到疲惫。要清楚，人际交往关系是平等的，没有谁亏欠谁，谁应该怎么去做的说法。因此，将自己在人际交往中的问题，一味归咎在他人身上的做法是完全错误的。

怨天尤人的人大多拥有较重的负面情绪，他们对任何事情都缺乏耐心。这些人对生活非常不满，感觉自己应该过得更好、拥有更多。但他们却很少为之努力，他们不会通过努力去争取美好的生活，只会一味地怨天尤人。

每个人对生活，都会或多或少有所抱怨，这是十分正常的现象。但如果些许抱怨变成了永不间断的怨天尤人，问题就会严重许多。高情商的人很少会去怨天尤人，因为这是一种十分消耗精力的行为。这种行为容易让人心生消极情绪，怨天尤人的人，总会觉得世界不公平，觉得所有人都对不起自己。

之所以会产生这种想法，是因为这些人对自己的人生际遇认识不明，对自己的付出心有不甘，对自己获得的成就有所不满。正因为这些，这些人才会心有不忿，才会去怨天尤人。长此以往，就会丧失斗志，从此一蹶不振。

曾国藩的弟弟曾国华腹有才气，也有脾气。他一向以文章自诩，但科场失意，让他愤愤不已。他认为自己之所以没有成功，是因为老婆不够凶，没有激励自己上进，所以读书不努力。为了求取功名，他决定找一个凶一点的老婆来督促自己，竟然得出了必须要纳妾的结论。

此外，曾国华还因为哥哥没有为自己介绍好营生，而赌气回家。

说自己没脸见爹娘，想要买一块猪肚，蒙着脸，这才好意思回家。

面对曾国华的怨天尤人，曾国藩一针见血地说出了弟弟的错误。并且列举了曾国华此前的种种懒惰行为，又不看书又不做作业，怎么能考得上功名？曾国藩断言，如果曾国华继续这样怨天尤人下去，一辈子的命运也不会好到哪去，只会给自己添堵。

正是在与弟弟的信中，曾国藩写下了一句流传后世的至理名言："盖无故而怨天，则天必不许；无故而尤人，则人必不服。"因为一时的不走运，就去埋怨上天，这要是让老天爷知道了，你怨它怨得多了，它可是不会答应的，一定会给你点苦头尝尝。无缘无故去埋怨别人，别人自然也不会服气。给别人的情绪添堵，别人就会给你的命运添堵，你不服气的人越多，不服气你的人也就越多。

在曾国藩看来，怨天尤人是一种为自己添堵的行为。不仅老天爷会给予惩罚，其他人也会阻碍你的前路，而这一切都是你自己找来的。教训弟弟之后，曾国藩也给出了解决问题的办法。

他指出，每个人都会存在负面情绪，都会或多或少去怨天尤人。想要克制这种行为，关键在于抱怨之前，就要先一步反思自己。为什么心中会有不平之气？这一定是自己身上哪里存在不足。想到这里，就应该通过自我反省，来将负面情绪一扫而空。这正是调节怨天尤人行为的一种最好方法。

曾国藩所提到的"自我反省"是一种很好的解决怨天尤人行为的方法，怨天尤人都是因为自己身上存在不足而不自知。正是因此认识不到自己的不足，他们才会千方百计在别人或是客观环境之上寻找原因。如果能认识到自己的不足，也就不会过多地怨天尤人了。

"自我反省"是一种很好的方法，但对于将怨天尤人当作习惯的人来说，一上来就进行自我反省，似乎显得有些困难。因此，想要真正解决怨天尤人的毛病，要循序渐进，不可一蹴而就。

怨天尤人的一个关键原因就是客观环境的不公平。这一因素本就是客观存在的，如果再加上个人思维的渲染，就会成为怨天尤人行为的主导因素。

社会中确实存在一些不公平、不合理的因素。这些因素很难消除干净。如果光盯着这些不公平、不合理，那我们的眼睛、脑海就会被负面现象所填充，当产生消极情绪时，这些负面现象就会加重消极情绪，进而让我们怨天尤人。

除了不公平、不合理的因素外，这个社会还存在无限的活力和机遇，每个有准备的人，都可以抓住机遇。将目光更多聚焦在公平合理之中，主动适应社会和客观环境，努力抓住机遇，每个人都有成功的可能。如果终日因家庭条件不好、运气不佳而怨天尤人，就会与成功渐行渐远。

怨天尤人最为主要的表现就是"光说不做"，其更多是一种言语上或心理上的行为。这种行为看上去不会产生严重的负面影响，但实际上，对个人内心的影响却是根深蒂固的。如果让怨天尤人成为习惯，就会逐渐失去努力行动的意愿。

怨天尤人更多时候是为自己不付出行动寻找理由，将自己不成功的原因归结到客观环境和别人身上。习惯性怨天尤人，就会让行动陷于停滞，即使面前有机遇，也难以抓住。长此以往，成功就是天方夜谭了。因此，以行动来终止怨天尤人是十分必要的。

面对挫折和失败时，怨天尤人并不能改变事情的结果，只有积极展开行动，寻找失败的教训和原因，不断改变和完善自己，才能防止再次陷入同样的失败境地。怨天尤人只会让自己再次跌入同样的失败旋涡中无法自拔。

只有脚踏实地，才能拥有更为豁达的心态、更为积极的态度。这样，面对挑战时，才会更有力量，面对机遇时，才能更好把握。

别成为悲观主义者

两个人从同样一扇窗前望去，第一个人看到的是满地泥泞，而第二个人却看到了满天繁星。同样条件下，是什么原因让不同的人看到了不同的事物呢？可能是因为观看角度不同，但从深处探讨，这反映出了两种完全不同的心态。

由于每个人的意识是不同的，意识会影响人的决策，造成决策的倾向有所不同，这样就会产生悲观主义者与乐观主义者两种不同风格的人。

在历史长河中，很多伟大的哲学家都属于悲观主义者。

德国哲学家叔本华说："人生如同上好弦的钟，盲目地走，一切只听命于生存意志的摆布，追求人生目的和价值是毫无意义的。"这可以说是最典型的一种充满悲观主义精神的论述。在叔本华眼中，人生在世会存在各种各样的欲望，而欲望就是痛苦的化身，所以人生在世痛苦也会更多一些。

尼采同样是一位悲观主义者，尼采将自己的悲观主义称为"强力悲观主义"，其观点可以看作是在叔本华的悲观主义之上的创新。

尼采认为人生本来就是一场悲剧，人的一生会存在各种痛苦和恐惧。与叔本华不同，尼采选择与悲剧抗争，并且获得生存的欲望，体验生存的感受。

哲学家眼中的悲观与现实生活中的悲观有着一定的区别，后者是一种精神层面的感受，主要是由自我感觉失调引起的一种安全感缺失、自我指责等负面性思维方式。不仅表现在精神层面，悲观还会在身体层面上有所表现，诸如神经衰弱、抑郁、恍惚等症状，多是由悲观情绪所引发的。

除此之外，悲观主义者的意志相对脆弱，胆小怯懦，常常会处于情绪的低水平活动中，他们会觉得负面情绪的能量巨大，缺少对抗负面情绪的能力。最为重要的是，悲观主义者看待事物的角度往往是消极的，这会让他们错过很多机遇。

一家鞋厂为了开发市场，派遣两位业务员去非洲考察当地的市场情况。第一位业务员前去考察后，发回报告称："当地人都不穿鞋子，想要在这里卖出鞋子简直是天方夜谭。"第二位业务员到达非洲后，同样发回一封报告称："当地人都不穿鞋子，这里有充足的市场来推销我们的鞋子，简直是太好了！"

面对同样的问题，遇到同样的事情，悲观主义者和乐观主义者看待事情的角度也会有所不同。悲观主义者只会看到事物不好的方面，进而得出不好的结论。即使有好的方面的信息，也不会引发他们的关注。

悲观主义者的思维模式较为单一，更容易接收消极信息。他们的竞争意识很强，但在处理人际关系时，却常常会陷入恐惧。一个人如果过度悲观，在面对抉择时，常会根据自己的感觉和经验进行选择，这从某种意义上来说是一种相信自我的表现，实际上，这种做法往往会将个体的错误意识放大。

浩克在一家食品公司担任调车员，他对工作认真负责，但对自己的人生却悲观失望。一天，浩克正在冰柜车中检查，到了下班时间还没有出来。同事因为赶着下班回家，都急急忙忙地离开了公司。当浩克检查完车厢，他才发现自己怎么也推不开冰柜车门，他意识到自己被锁在冰柜车里面了。

浩克在冰柜车中拼命叫喊，可不管他怎样叫喊，就是没有人来给他开门。浩克的双手已经红肿，喉咙也沙哑起来。没有任何人来帮忙，浩克绝望地坐下哭泣。他想："冰柜车中的温度在零下20度以下，现在虽然还不怎么冷，但如果再不出去，肯定会被冻死的。"越想越害怕，浩克找到纸笔，写下了遗书。

浩克第一句写道："我知道在这么冷的冰柜车中，我肯定会被冻死的。"第二天，同事发现了浩克的尸体。让同事感到惊讶的是，冰柜车的冷冻开关并没有启动，巨大的冰柜车中也有足够的氧气，浩克究竟是怎么死的呢？

最终尸检报告给出了答案，浩克并非被谋杀或猝死，也不是被冰柜车中的温度冻死。可以解释的原因只有一个，那就是浩克自己放弃了希望，他坚信自己一定会冻死。

是绝望让浩克丢了性命，他的内心如果能多一些光芒、多一些希望，结果可能就不会如此了。悲观主义者很少能够发现生活中的乐趣，更难从乐趣中找到与自己的关联。因此，他们不仅会长时间沉浸在自己的悲观情绪中，还会在行动和判断上出现很多错误。

对悲观主义者来说，想要摆脱悲观情绪，就要努力调整心态。心态摆正了，才有可能走出悲观的旋涡。一般来说，想要走出悲观情绪，可以从以下几个方面尝试。

第一方面，改变错误认知。悲观主义者在认知上会存在一些错误和扭曲，他们认为自己没有能力，比不上别人，遇到事情也容易往坏的方面去想。在一些情况下事实可能确实如此，但事实并不是无法改变的，悲观主义者会认为自己无力改变，产生这种错误认知将会影响其后续行动。

悲观主义者应该学会接受自己、正视自己，只有这样，才能发现自己的优势。通过这些举动逐渐建立起信心，这样才能逐渐走出悲观情绪的影响。

第二方面，不要盲目归因。悲观主义者在寻找失败原因时，总是将原因归结到自己身上，认为是自己的无能导致了失败。而对于这种失败，自己却又无法改变。在这种死循环中，当事者会越来越消极，越来越悲观。

失败的原因有很多种，主观方面会有一定的原因，其他客观方面的原因也是存在的。想要摆脱悲观情绪的控制，就要学会正确归因。主动承担错误是正确的行为，但把一切问题都归结到自己身上，就会让自己陷入悲观情绪中，这是很不可取的。

第三方面，主动调节消极情绪。当遇到困难或挫折时，悲观主义者更容易陷入消极情绪中。这时，悲观主义者会选择自责或退缩。这种做法是不正确的，正确的方法应该是从容面对消极情绪、主动调节这些情绪。这才是正确面对困难和挫折的方法。

学会正确应对困难和挫折的方法，以更加积极、乐观的心态去解决问题。这样不仅能更高效地化解困难，同时也会让人的心态变得更好。

第四方面，找回成功的自信。悲观主义者更自卑，他们很难从过去获得成功体验，很难面对挑战。帮助他们树立自信，有助于让他们更好地体验成功，也会让他们的心态变得更加乐观。这样自卑的情绪也就会逐渐减少。

叔本华曾说："通常所见，快乐常不是我们所希望的快乐，而痛苦远远超过我们所预计的痛苦。"

尼采曾说："我走在命运为我规定的路上，虽然我并不愿意走在这条路上，但是我除了满腔悲愤地走在这条路上，别无选择。"

与其他悲观主义哲学家不同，尼采的悲观更具有探索人生意义的色彩。他不甘于人生悲观的结论，努力去向好的方面寻找。这样看来，尼采并不是一般意义上的悲观主义者。在尼采的哲学中，我们似乎能看到更多乐观的因素。

脱离出哲学意义，每个人都不应该成为悲观主义者。现实是残酷的、痛苦的，这并没有错，但用悲观并不能改变这些现实。悲观只会让人沉沦，只有乐观积极的心态，才能让人勇往直前，困难从来不能阻碍乐观者的脚步。

别说"我不行"，要说"我能行"

罗曼·罗兰曾说："先相信自己，然后别人才会相信你。"

这句话很好理解，无论是做人，还是做事，如果你都不相信自己，那没有人会相信你。但在现实生活中，一些人经常会被他人的评价所影响，长期处在负面评价中，就渐渐陷入自卑阴影里。遇到事情，他们最常说的就是"我不行"。

在成长过程中，我们会经常听到别人对自己的评价，有表扬的，也有批评的，有祝福的，也有贬损的。研究表明，如果一个人长期听到自己很优秀的评价，他就会相信自己是优秀的。而如果一个人长期接收到自己很笨拙、很愚蠢的评价，就会觉得自己很不行。

刚刚 30 岁的小王就已经获得了名校的毕业证书，对于数学方面的复杂问题，他都能一一解答。但在与人沟通方面，他却总是磕磕绊绊。即使是自己擅长的问题，在演讲时也很难说清楚。其实，在私下里，他说话比谁都要流利。

小王之所以不善于在众人面前讲话，是因为在小时候，自己前后鼻音分不清。说话时，兄弟姐妹经常取笑他，亲戚朋友也在旁边一起笑。小王每次反驳，大家就会笑得更厉害。正是因为这样，小王在说话表达上才越来越没有自信。

事实上，很多人自我感觉中的"我不行"都是不符合实际情况的。这是因为这些人的大脑被错误地植入了片面评价，如果这种片面评价得不到纠正，就会影响个人判断，给被评价者造成"我不行"的感觉。

高情商的人很少会受到他人评价的影响，因为在他们眼中，没有人比他们更了解自己。正是因为能够正视自己，高情商的人才能避免陷入自卑的困境中。他们能够看到自己的缺点，也能看到自己的优点。

我们的成长过程并不是一帆风顺的，每个人都需要面对或大或小的困难和挑战。如果内心自卑，没有信心去应对挑战，就很难顺利过关。

自信是人生成功必不可少的一个前提，只有满怀自信，才能勇敢前行。即使遭遇再大的压力，也会执着向前。与自信相反，很多人都存在自卑心理。他们不仅自卑自己的身高、出身，还会自卑学历、工作，一点细微的缺陷，都会成为自卑的因素。

自卑的人不仅会内心压抑，患得患失，长此以往，还会引发各种心理疾病。更为重要的事，自卑会让人消沉，缺乏应对困难的勇气。生活中本来就存在各种琐事，正所谓人生不如意十之八九，对自卑的人来说，似乎连那一二分的如意也是遥不可及的。

自卑的人很容易被消极情绪控制，被外界环境影响，他们很难找到一种力量帮助自己前行。其实这种助人前行的重要力量就是自信，这也是自卑者最为缺乏的一种能力。

人际交往中，自卑者常常会出现一些错误，这会影响他们的人际关系，让他们的自卑越来越严重。

自卑的人总是怀有一种畏惧心理，讲起话来总是唯唯诺诺，很不会掌握说话的分寸。和这样的人交流，会让人感到很无趣，他们的话很容易刺伤别人的心。因此，自卑的人才会成为大家排斥的对象，因为在他们周围很难看到阳光，总是阴霾不断。

自卑的人往往缺乏勇气，胆小怯懦。他们面对任何事时，都缺乏勇气，因为内心没有底气，而选择退缩。

自卑的人习惯于认定自己不行，他们经常会将"我不行""我不会"挂在嘴边。因此，在面对任何事情时，都会因为缺乏信心而失败。

这种人因为对自己没有一个长远规划，又不敢去解决眼前问题，所以很难做成一番事业。

自卑的人在遇到事情时，会想得过多，很多小事都会被他们想得很严重。原本事情并没有那样糟糕，却被他们幻想出了各种糟糕结果。由此，他们的内心会升腾出一种挫败感，认为自己做什么都不行，进而更加痛苦和绝望。

因为想得过多，对自己的要求也会越多，这些人又很少去努力做些什么，他们常将自己逼入狭小空间，同时也将负面情绪带到其中。

自卑者要摆脱自卑心理，就要改变心态，改变对自己的看法。

同时，要避免出现上面提到的常见错误，这样才能逐渐摆脱自卑心理。当然，还有一些具体方法，能够帮助我们更好地认清自己。

想要摆脱自卑，首先要拿掉自卑者常挂在嘴边的"我不行"。自卑者表达自己不行前，应该首先思考自己是否真的不行，到底哪方面不行，这种不行是否会影响事情的解决。通过一系列问题的询问，自卑者将会对"我不行"产生一个更加清楚的认识。

自卑者需要检查自己的消极情绪，看看这些消极情绪是否有足够的证据支撑。不可否认，一些消极情绪确实是事实的反映，但大多数消极情绪都是由于自卑者自身意识过分夸大形成的。解决这些问题，最重要的就是要摆脱这些不切实的消极情绪。

自卑心理的形成，都经历了长年累月的时间。想要一瞬间改变这种习惯，并不现实。因此，消除自卑需要循序渐进。

经常记录一些生活中的正面事件，去消除自卑信念。如果觉得自己在语言表达方面不如别人，就着重去记录一些自己妙语连珠的瞬间，即使很小的细节，也会对信心增长起到重要帮助。

上面两种方法能够帮助自卑者认清自己，想要从根本上消除自卑心理，就需要树立起自信心。这种自信心并不只是集中在某一问题之上，而是要在面对所有问题时，都要表现出来。

树立信心可以选择从自己擅长做的事情开始，从细微的小事做起。攻克了小问题后，再去解决复杂的大问题。在解决问题过程中，逐渐积累经验方法的同时，也会逐渐积累起自信心来。

即使在生活中处处不如别人，也不要轻易自卑，每个人都有自己独特的一面。没有谁是十全十美的，那些成功者只是在面对困难和挑战时说出了"我能行"，然后在不断努力中克服了困难。他们也会遭遇挫折、遭遇失败，但他们依然坚信自己能行。正是这种意志，帮他们取得了最后的成功。

在逆境中保持自我

等你们长大成人了就会明白，人生还有眼泪也冲刷不干净的巨大悲伤，还有难忘的痛苦让你们即使想哭也不能流泪，所以真正坚强的人，都是越想哭反而笑得越大声，怀揣着痛苦和悲伤，即使如此也要带上它们笑着前行。

——《银魂》

人生是一段漫长而艰苦的旅行，虽然每个人的终点都不尽相同，但显见的一点是，每个人都会或多或少经历一些逆境。

有的逆境发生在事业上，有的逆境出现在感情上，也有的逆境表现在健康上。逆境是负面情绪产生的温床，负面情绪都是在人们遭遇挫折后产生的。因此，在应对负面情绪之前，学会应对逆境和挫折是十分必要的。

面对逆境，有的人控制不住情绪，陷入崩溃状态中。当他们遭遇重大挫折时，情感上的迷茫控制了理智。被负面情绪控制之后，受到外界刺激会表现出激烈的情绪反应，如果这种情绪反应超出了这个人的心理承受范围，他在行为上就会出现失控。

高情商的人能够在逆境中保持自我，他们很少会被消极情绪控制。逆境在他们眼中只是生活中的正常"风景"，对待这种"风景"只要和对待其他风景一样就好了。

居里夫人的童年十分不幸，她还不满十岁，妈妈和姐姐就相继病逝。家庭的困难并没有让居里夫人消沉，她不仅学会了独立生活，还锻炼出了非凡的意志。由于是波兰人，她高中毕业后无法进入大学。这一困难并没有改变她读大学的信念，她开始通过做家教来攒钱去法国留学。

几年后，居里夫人来到巴黎，并与比埃尔·居里结婚。二人在研究放射性现象时，战胜了一个又一个困难，最终发现了钋和镭两种天然放射性元素。1903年，二人共同获得了诺贝尔物理学奖。1906年，居里夫人的丈夫不幸死于车祸，她依然没有被挫折击倒，继续研究放射性现象，在1911年又获得了诺贝尔化学奖。

居里夫人不仅是世界科学史上第一位获得诺贝尔奖的女性，而且还是在两个不同科学领域，两次获得诺贝尔奖的科学家。在居里夫人的一生中，挫折和困难数不胜数，但在她眼中，这些困难并不足以阻碍自己前行。逆境并没有让居里夫人产生负面情绪，而是让她更加努力去拼搏奋斗。

与居里夫人一样，还有许多伟大的人物在与逆境的抗争中获得了成功。林肯就是最好的例子。

美国第 16 任总统林肯的履历表

1832 年，林肯失业。此后他决心成为政治家，但却接连遭到竞选失败的打击。

1833 年，林肯创业。不到一年，企业倒闭，为此偿还了十几年债务。

1835 年，林肯订婚。结婚前几个月，未婚妻去世，林肯心力交瘁，卧床不起。

1836 年，林肯得了神经衰弱症。

1838 年，林肯开始竞选州议会议长。竞选失败。

1843 年，林肯参加美国国会议员竞选。竞选依然失败。

1854 年，林肯竞选参议员。竞选依然失败。

1860 年，林肯当选美国总统。

林肯的人生经历显然要比上面履历中展现的要波折得多，面对这些挫折时，林肯从没有想到放弃。这是因为他很了解自己，知道这些挫折无法击垮自己。即使遭遇如此多的困难，他也没有产生负面情绪，更没有被负面情绪所支配。这也是林肯最终能够成功的一个重要原因。

多数人面对逆境时，会被负面情绪所困扰。负面情绪就像是隐形的杀手，不知不觉间摧毁人们的心智，让人们堕落到逆境深处。想要应对逆境中的负面情绪，就要让自己的心态积极起来。这个世界没有那么多的挫折，没有什么困难是跨不过去的。

生活中的起起落落很多，唯一不变的是我们自身。如果内心脆弱，即使顺境中充满机遇，也很难一一把握。如果内心强大，即使再大的风暴也无法吹翻你的航船。

在逆境中要懂得及时调整自己，只有保持自我才能应对各种困难的考验。

第一步要先了解自己。逆境中，恐惧感会影响我们对人对事的判断，了解自己的能力，并好好利用这种能力，将会帮助我们应对逆境。

遇到突如其来的逆境，会让人手足无措。这是因为缺少对自己能力和困难程度的认知所造成的，想要改变这一点，就要首先学会了解自己。只有了解了自己，才能去想方设法应对困难。

第二步要学会保持自己。逆境就像是一场狂风巨浪，它不会无休止地肆虐下去。"暴风"肆虐之时，如果能够保持住自我，那在"暴风"褪去之后，我们就能迅速从灾难中振作起来。

人们之所以会被逆境所击垮，就是承受不了突如其来的冲击。在冲击之中，逐渐滋生出各种负面情绪。此时处于逆境中的个体已经无力反抗负面情绪的侵袭，便开始接受负面情绪，意志不断消沉。

只有抗住了逆境的冲击，保持住自己，才能有机会去调整自己，战胜负面情绪。

第三步要慢慢提升自己。逆境的出现在很大程度上是因为当前我们的处事方法出现了问题，如果继续按照原有道路前进，恐怕很难走通。这时，就要仔细检视逆境，寻找到困难发生的原因，然后再去做出相应调整。在保持自己的基础上去提升自己，这是应对逆境中负面情绪的最关键方法。

提升自己不仅要提高自己的抗压能力，同时还要合理地管理情绪。通过情绪管理规避逆境中产生的负面情绪，让内心中充满积极情绪，这样才能真正走出逆境，迎来新的机遇与成功。

谁都不喜欢逆境，但它是客观存在的，因为无法回避，所以要努力去接受它。在这个过程中，保持积极乐观的情绪是十分重要的，当逆境来临时，微笑面对，全力以赴，在与逆境对抗的过程中，我们会发现其中蕴含着宝贵的成功机遇。

逆境对强者来说是向上攀升的阶梯，而对弱者来说则是跌入深渊的陷阱。巴尔扎克曾说："不幸是天才的进身之阶，信徒的洗礼之水，能人的无价之宝，弱者的无底深渊。"每个人都会遭遇逆境，但真正能从逆境中走出来的，只有那些能够在逆境中保持自我的人。

没有哪个人的人生是一帆风顺的，面对逆境不要气馁，在逆境中保持自我、提升自我。每一条道路都通往成功的终点，能否抵达，就要看付出的努力是否足够。

牢骚要适度，多说无益

凡是公司中有对工作发牢骚的人，那家公司一定比没有这种人或有这种人而把牢骚埋在肚子里的公司要成功得多——这就是著名的"牢骚效应"，是由哈佛大学心理学系教授梅约通过"谈话试验"总结出来的，大致内容如下：

美国有一家工厂，不仅生产设备一流，各种生活、娱乐设施也是非常齐全，员工的福利待遇也十分优厚。从表面上看，工人应该不会有任何的不满，但令人疑惑的是生产效率始终不高，工厂业绩平平，厂长感到非常苦恼。无奈之下，他只好请了哈佛大学心理学的教授来帮忙，希望他们能找出根结所在。

在梅约教授的带领下，研究人员们在两年的时间内，先后与两万多名员工进行了谈话。在此过程中，他们发现，工人们对于企业的牢骚与意见，竟占据了全部谈话内容的 60% 以上。更神奇的是，试验还没结束，工厂的生产量却有了显著的提高。专家组由此得出结论，员工之所以消极怠工，是因为各种不满情绪的长期积累，并且无处发泄而导致的结果。通过这两年多的谈话，他们得到了释放，一旦心情舒畅，工作热情自然也就高涨，工作效率也随之得以提高。

牢骚效应对管理者的启示是：无论企业有着怎样良好的客观条件，也不可能完全消除员工在工作中产生的不良情绪。如果此种情绪得不到适当的宣泄，很容易造成负面效果。所以，为员工提供发泄不良情绪的通道，是企业"人性化管理"的一项重要内容，也是优化企业效能的有益途径。

日本松下公司所有分厂里都设有吸烟室，而且里面还摆着一个极像松下幸之助的人体模型。工人们可以在这里用竹竿随便抽打"他"，用以发泄怨愤。当他们打完停手时，喇叭里还会自动响起松下幸之助的声音——那是他写给工人的诗："这不是幻觉，我们生在一个国家，心心相通，手挽着手，我们可以一起去求得和平，让日本繁荣幸福，干事情可以有分歧，但请记住，日本人只有一个目标，即民族强盛、和睦。从今起，这绝对不再是幻觉！"

正是通过这样的方式，松下的员工始终保持工作热情，公司也因此收获了更多的效益。

上述例子中的松下幸之助不但不害怕员工发牢骚，甚至为他们打造专门的发泄途径，同时将发牢骚转变为一种沟通方式，在员工发泄的同时，用自己的声音给予对方鼓励。

由此可见，适度的牢骚，不仅能够缓解员工的工作压力，让他们身心轻松，同时也是另一种表达意见的形式。而归纳、总结各方的意见与建议对企业未来的发展也具有一定推动作用，这样的企业会更富有生机与活力。

然而，不分时间、地点、方式，频繁地发牢骚则容易产生消极影响。它不仅容易使人长期处在一个充满负能量的环境中不可自拔，同时它还具有极强的感染性，从而使得周围的人也被这种消极情绪影响，然后形成恶性循环，最后害人害己。

所以发牢骚可以，但一定要适度，同时还要讲究一些方法。

换一种方式发泄不满。牢骚的话之所以让人反感，其中最重要的一点是，发牢骚的人表达不满情绪时，很容易说出令人感到不舒服的语言，甚至是脏话、诅咒的话。即便对方不是所要抱怨的人或事，可仅作为倾听者，也不喜欢听到污言秽语。

相反，用比较委婉、文明的说话方式来发泄，不仅会显得自己很有素质，同时还能提升倾听者的同情心、同理心。如此，对方才会更真心诚意地去给予你安慰、鼓励，甚至听取你的意见。

不要因为一件事情去反复发牢骚。有不满的情绪很正常，为此适当地加以发泄也是无可厚非的，但反复因为一件事发牢骚则很容易引起他人的反感。因为这样会给人一种小气、刻薄、钻牛角尖的印象。

有些人不分何时何地、何人何事地到处发牢骚。经常会听到一些人在公共场合大吐苦水，"情到浓处"甚至会变成大声喧哗，而且吵嚷出的尽是些负面词语，尤其是在公交车这种相对密闭狭小的地方，更是令人感到刺耳。

还有一些人，凡事都会发发牢骚，好像生活中就没有能让他开心的事情。这样的人会给人一种悲观厌世的感觉，如此肯定是不行的。就像毛主席在《赠柳亚子先生》里提到的那样——牢骚太盛防肠断，风物长宜放眼量。

发牢骚要找准对象，这样可以使发泄的人得到更加直接有效的回馈。如果找错人，那鸡同鸭讲地一通表述过后，不是白费工，就是对方会不明事理地火上浇油。

生活中时常会出现这种情况，原本发牢骚的人没那么生气，结果倾听的人理解不到位，或者对方压根就是个看热闹不嫌事儿大的，本应说一些劝解的话，结果他却各种拱火，添油加醋，最后导致前者怒气更盛，进而造成恶劣的后果。

发牢骚切忌一时冲动，一定要在头脑相对清晰，能够做出理性判断时再表达自己的不满情绪。

常言道，人生不如意事十之八九，只有学会用开阔的胸襟，用辩证的眼光去对待周遭的一切，保持积极向上的态度去生活才是大智慧。适当地发发牢骚有益，切记要把握好"度"，凡事留有余地，不可太过分，这才是聪明人处世的"好手段"。

拒绝比较，比较从来就不公平

　　世界上有一种魔咒叫"被比较"，施咒者是自己的亲人，有时甚至是自己，"祸首"是那个"别人家的孩子"，我们从小到大都深陷在其中。从孩提时代的"别人家孩子学习如何如何棒"，到成人后的"别人家孩子工作如何如何好"，它似乎成了一种摆脱不了的宿命，让本就艰辛的生活徒增更多烦恼。

　　我们偶尔会听到诸如"你看看人家谁谁谁学习成绩总是名列前茅，再看看你考的那点儿分数，我说出去都嫌丢人""你看看人家孩子多懂事，什么事儿都不用大人操心，再看看你好吃懒做，整天只知道打游戏，隔三岔五还给我闯祸"之类的话。虽然父母、亲人的比较大多是从善意的角度出发，希望借此来激励自己的孩子，但最终往往事与愿违，其结果更多的时候是给孩子的幼小心灵带来创伤。

　　孩童时期比较敏感，父母的过分期望一方面有可能让孩子为了讨好他们而被迫去做自己不喜欢的事情，另一方面也有可能使孩子产生逆反心理，一旦他们认为自己有足够的能力，便会奋起反抗。然而，无论哪一种情况出现，父母在孩子心目中的权威形象都会大打折扣，进而产生隔阂，更有甚者会造成孩子心理扭曲。

万历首辅张居正，自幼敏而好学，12岁便中了秀才，16岁又中了举人，可谓是当时大家嘴里"别人家的孩子"。

张居正从小家境比较普通，父亲一辈子只考上了秀才，爷爷则是在辽王府做护卫。恰巧王府中的小王爷与张居正年岁相当，二人便经常一起玩耍。虽然小王爷是典型的纨绔子弟，平日只知道吃喝玩乐，但一开始，两个孩子还算合得来。直到辽王妃毛夫人经常把自家儿子与小天才张居正来一番比较之后，忌妒的种子便在小王爷的心里扎了根。明明他是王位继承人、皇亲贵胄，可到了母亲那里还不如一个王府护卫家的孩子，自小被骄纵惯的小王爷哪受得了？于是怀恨在心，后来又被小人教唆，竟将张居正的爷爷给活活用酒灌死。

毛夫人怎么也想不到自己的"严格要求"会造成这样的恶果。

既然比较会给孩子造成诸多负面影响，为人父母者切忌再为之。教育孩子的方法千千万，何必非要选择这种伤人伤己的呢？在这一点上，"股神"巴菲特就有独到的见解。他的三个子女无论在学业上还是在事业上都没能达到他的成就，可巴菲特从不过分要求他们，也从不把他们与任何人（包括他自己）比较。他善于倾听孩子们究竟喜欢什么，然后鼓励他们用尽热情去做，而不是自己为他们规划什么。

巴菲特的小儿子彼得曾为了打破各方的质疑，证明自己并非顶着父亲的光环，而在一年半的时间内修习完 20 门基础课程，可他并没有为此感到快乐。于是他问自己的父亲："如果我辍学，您是否会觉得脸上无光？"巴菲特则笑着回答："我知道你一直想做自己喜欢的事情，比如当音乐家。我仍记得你 7 岁那年，坐在钢琴前，把一首欢快无比的《扬基歌》弹成了哀乐。能把欢快的乐曲弹成哀乐，这说明两个问题：一是弹奏者的心情很糟糕，二是他具备非凡的音乐天分。"

事实证明，巴菲特的做法是对的，彼得的确在音乐方面取得了成功。

还有一类人喜欢拿自己与别人比较。虽然很多人都是打着激励自己的旗号，可真正能被鼓励的又有多少呢？相反，倒是很容易受到打击。事事与人比，结果发现事事不如人，最后丧失信心、自暴自弃，甚至产生各种焦虑、恐慌的心理，何苦来哉！

常言道，人比人气死人。聪明的人不会轻易拿自己去比较，甚至拒绝比较，毕竟比较本身就是不公平的。因为比较往往用自己的短处去跟别人的长处比，这明显有失公允。所以，冷静下来想想，这样的比较又有何实际意义呢？简直是庸人自扰！

父母拿孩子比较容易产生亲子矛盾，夫妻中的一方把另一方同别人家的比较，则会影响婚姻生活的和谐发展。

良好的亲子关系与夫妻关系一定不是通过比较来沟通的，甚至十分忌讳这种交流方式。谁都不希望自己是被贬低的那一方，即便是心智还未成熟的孩子，同样不喜欢被打击。

在婚姻生活里，无论哪一方产生比较的心理，即是感情出现裂缝的前兆。因为结婚伊始，大家都是抱着一颗热忱的心，想要创建属于自己的美满家庭，并且双方需要为此携手努力。可一旦有一方经常拿自己的另一半同别人比较，或者拿自己的婚姻同别人比较，那就与之前的婚姻誓言相违背。你千挑万选地从茫茫人海中找到另一半，结果又各种嘲讽、贬低，这不仅对他人是一种伤害，也是在拿自己的人生开玩笑。

要知道，自己的日子是过给自己看的，不是过给别人看的。无论怎么比较，别人的生活永远是别人的。所以，想要家庭生活和睦友爱，就应学会拒绝比较。这样不仅自己会感到轻松，同样避免了给周围的人带去那些不必要的压力。

每个人从降临到这个世界上开始，便以不同的身份沿着不同的人生轨迹运行。正如世界上没有两片相同的叶子一样，人生也是各有各的精彩、各有各的苦痛。没有绝对的谁比谁好，更没有绝对的谁比谁差。我们所要做的无非是真正用心去感受生活，用更大的胸怀去完成这场上天所赐的旅程。

第五章

原生家庭：影响你一生的心理来源

原生家庭对子女的影响越深刻，子女长大之后就越倾向于按照幼年时小小的世界观来观察和感受成年人的大世界。

不要将抱怨带回家

很多事情的发生都是不以人的意志为转移的，人们每天会面临各种各样的烦恼，有些人会选择向他人抱怨来加以宣泄。

在当今社会，抱怨仿佛已然成为一种全民情绪。

美国某无线网络公司调查发现，大约有70%的人表示自己的很多同事总是爱抱怨，其中67%的职场人认为这已经对自己的工作效率造成了负面影响。

而英国的一项调查显示，英国人平均每天要花14.5分钟向亲友倾诉各种烦恼。

我们国内的一项调查则显示，有65.7%的职场人表示自己每天要抱怨1～5次，有4.8%的人甚至每天抱怨多达20次以上。

殊不知，抱怨并不能解决实质问题，相反还会令自身产生更多的负面情绪，有时甚至危及他人。

爱抱怨者，就像吸烟的人那样，伤己亦伤人。

　　心理学家与神经科学家对那些经常会听到消极言语的人进行大脑活动分析后发现：大脑的工作方式如同肌肉一样，如果让它听到了太多的负面信息，就很有可能导致当事人也会按照消极的方法行事。而且长期抱怨还会释放一种叫作皮质醇的压力荷尔蒙，这种荷尔蒙会提高血糖指数，增加患心血管疾病的风险。

　　美国斯坦福大学一位教授所做的研究表明：一个人听完 30 分钟的抱怨后，不管这种抱怨是来自真人还是电视，他们的大脑都会受到物理损伤。

　　另外一些研究还发现，长期处于抱怨带来的负面情绪之下，人们大脑中海马区的某些神经也会受到损伤，而这一区域是主要负责解决问题与认知功能的。所以，抱怨多了，记忆力与随机应变的能力都会下降，甚至变得愚蠢、麻木。

　　"家"作为最安全的避风港，往往就成了人们抱怨的理想场所，家人也就自然而然地成了倾听你各种消极言语的对象。

　　而抱怨又有上述诸多负面作用，它不仅危害自己的身心健康，同时也会对亲密关系造成巨大危害。

　　试想一下，一个丈夫，辛辛苦苦工作一天，身心俱疲，回到家里还要面对牢骚不断、抱怨不停的妻子，双方很容易产生矛盾，轻则口舌之争、冷战相对，重则将会导致婚姻关系的破裂。而这种环境也明显不利于青少年的健康成长。

　　所以为了自己，也为了亲人，请不要将抱怨带回家。虽说"人生不如意事十之八九"，可我们要学会"常想一二"，将注意力从那些不如意的事情上转移到那些能令自己身心愉悦的人或事上，这才是聪明人应有的处世之道。

那我们应该如何改掉爱抱怨的坏习惯呢?

心理学家发现: 一个行为转变成一个习惯通常需要 21 天。

2006 年，美国心灵导师威尔·鲍温曾开启了一场风靡全球的 "21 天反抱怨行动"。他邀请每位参加行动的人，都带上一个特制的紫手环，一旦察觉到自己在抱怨，就把手环换到另一只手上，以此类推，通过转换左右手上的紫色手环来增加自己对抱怨的察觉，直到这个手环能持续戴在同一只手上 21 天为止。

目前，世界上已有八十多个国家，六千多万人参与到这项运动中来，为这个充满抱怨的世界带来了无限正能量。

当然，除此之外，还有其他一些小技巧可以帮助你改掉爱抱怨的习惯。

改掉抱怨要先找到抱怨的源头。抱怨的源头无外乎三个方面: 对自己的不满、对他人的不满以及对所处环境的不满。

首先对自己不满的人，不是过分自卑，就是过分追求完美。前者很容易导致心灰意冷、百事皆休，后者会让自己永远活在懊恼与遗憾中。总之两者皆不可取。世上没有一无是处之人，当然也没有完美无缺之人。人生在世，能做到问心无愧已然足矣。

对他人不满，往往就是别人的所作所为没能达到自己的心理预期，这是一种强烈的主观偏见，并不能判定事件本身的孰是孰非。要学会理性面对值得 "计较" 之人，而那些不值得的人则可以完全忽略，大可不必因此徒增烦扰。

对所处环境的不满，其实依旧是个人主观偏见导致的结果。常言道，"物竞天择，适者生存"，既然改变不了客观环境，那就去适应它，而不是一味地逃避与挑剔。

确定了抱怨的源头，接下来就要学着换位思考。

美国职场培训师特雷弗·布莱克说："当抱怨的想法在脑海中浮现时，不要等它说出口，要立刻换个想法。比如想到'房子可真贵，我没钱买'，不如换成'等我有钱了，就把它买下来，只不过我必须得马上开始工作'。"

经常给大脑这些积极的暗示，长此以往，它同样会做出积极的反应。就像吸引力法则提到的那样：当思想集中到某一领域时，跟这个领域相关的人、事、物就都会被吸引过来。

学会转移负面情绪，也能更好地减少抱怨。当负面情绪根深蒂固时，你可以试着用其他方法来将它们转移，比如看场电影，听听轻音乐，来次说走就走的旅行，等等。久而久之，美好的事物渐渐占据主导地位，你会发现生活变得精彩纷呈。

每天做些力所能及的、充满正能量的小事，哪怕是极细微的，只要能让自己感受到简单的快乐就好。一旦一个小小的满足感汇集在一起，人们也就无暇去抱怨了。

坐在车里的男人请快回家

"中年以后的男人，时常会觉得孤独，因为他一睁开眼睛，周围都是要依靠他的人，却没有他可以依靠的人"，这句话出自张爱玲的小说《半生缘》，她所描写的是旧上海时中年男人面对压力的状态。然而在当今社会，这种压力已经不仅仅限于中年男人，举凡已婚男士，几乎都或多或少会有此种感受。

曾经在网上看到一些关于男人下班以后，宁愿坐在车里抽烟、发呆，也不愿早早进家门的帖子。网友对此展开了激烈的讨论。

有些人认为这是男人宣泄、释放压力的方式，有些人则认为这是逃避现实的懦夫行为。支持前一观点的理由是：不想把工作中的负面情绪带回家，以免与家人发生口角；家里不让吸烟，可是自己又想缓解一下心情，所以只能在车里吸完再回去；车子是能让男人有安全感的小世界，在这里他们能彻底放松身心，做回真正的自己。而支持后一观点的理由则是：男人这是逃避责任的表现，坐在车里抽烟、发呆对解决问题没有任何实际意义上的帮助，况且一旦养成这种习惯，他们与家人之间的有效沟通会越来越少，这样也不利于亲密关系的发展。

美国"全国父权行动协会"进行过一项社会调查，结果显示大概有73%的离异夫妻是因为缺乏沟通而提出离婚的。有62%的受访者表示，如果当初能够与前妻（前夫）多些沟通就好了。

在提倡男女平等的现代社会，女人也同样面临着来自工作上的压力。她们不仅要扮演好在职场上的角色，下班回到家还要扮演贤妻良母的角色，她们需要料理家务，需要照顾老人、孩子。为什么女人忙完了工作就能回家，而男人却要逃避呢？

所以，下班宁愿坐在车里也不回家的行为是消极处世的表现。如果单纯地把"车子"作为自己的安全港，那又将"家"置于何地？

也许有人会说，他们之所以什么都不跟妻子讲，是因为害怕她们的唠叨与啰唆。可换位思考一下，她们这样做的初衷是想提供帮助，是关心丈夫与爱丈夫的表现。

男人大多爱面子，越是与之关系亲密的人，他们越是不愿意把自己脆弱、无能的一面向其展示。他们想要得到对方的理解与支持，却又不敢将最真实的情感表达出来。而对此，妻子的回应除了没什么参考价值的喋喋不休，就是同样的缄默不语。长此以往，夫妻之间要么频频爆发口舌之争，要么就是零交流、形同陌路。

那些"坐在车里不愿回家的男人"，请从你孤独的小世界里走出来，用更加积极主动的姿态去面对人生。

中国男人大多存在"男主外，女主内"的传统思想。他们认为男人做家务是很没出息的表现。然而事实并非如此。古人云："一屋不扫，何以扫天下？"

革命导师列宁，无论工作多么繁忙，只要一回到家，他就会主动承担家务。

有一次，列宁正在书房准备一篇演讲稿。岳母在厨房里对他的夫人克鲁普斯卡娅说："面包吃完了，喝茶都没有面包，该买了。"克鲁普斯卡娅回道："我这就去买。"她们的对话被列宁听到，他立即穿上外衣，从书房来到厨房门口说："要买面包是吗？这应该我去。"他甚至埋怨妻子不让他参加家务劳动，说由他负责买面包是早就定好的事情。

夫妻共同分担家务，是互相尊重的表现，这样能使彼此感情更加和睦，交流更加顺畅。同时还能起到表率的作用，给孩子树立一个勤奋、有责任感的榜样形象。

做家务会让人很容易获得成就感，成就感的增加对提高自信心有很大的帮助。

男人总希望自己能像钢铁侠一样坚不可摧，他们害怕自己脆弱的一面会引来嘲笑。然而在婚姻家庭生活中，爱你的人真正关注的不是你有多么无能，而是她要如何才能帮助到你。所以适当地表现出你的"柔弱"，激发她们母爱的一面，才有利于亲密关系的进一步培养。

真正发自肺腑地向爱人述说苦闷，这样对方才能有的放矢地予以你安慰，即便她们的建议并不一定能够解决问题，但至少有两个人来分担这些烦恼，那么孤单的感觉才会减少。

学会倾听另一半的所思所想，这样沟通起来才会有共同语言，才有可能培养出心有灵犀的亲密感。

经常会听到很多女性婚后抱怨老公越来越不浪漫，越来越不懂情调。而男人的回答则是，有那个时间和精力还不如多去赚些钱。他们常常指责女人的这些想法就是虚荣心作祟。男人们之所以这样认为，是他们根本就不了解女人真正要表达的意图。女人所期待的浪漫情调并不一定是物质上的满足，她们更多的是希望能感受到对方给予自己的爱意。

美国作家盖瑞·查普曼在其畅销书《爱的五种语言》中，曾将爱的表达分为以下五种：

1. 肯定的言词——那些鼓励的话语能激发对方极大的潜力；

2. 精心的时刻——吃顿烛光晚餐、一起散个步，在二人世界里用充满爱意的目光锁住对方；

3. 接受礼物——能够表达出"我正爱着你"的礼物；

4. 服务的行动——费尽心思做一件对方认为极其有意义的事；

5. 身体接触——牵手、亲吻、拥抱等。

随时真心诚意地表达你的爱意，那样对方也会给你同等的，甚至更多爱的反馈。不要把它当成麻烦的事情，否则真正麻烦的事情必将会到来。

冷战之前要把话说明白

举案齐眉、琴瑟和鸣的夫妻生活人人都想拥有，但现实生活往往并不是这样，夫妻之间常常会因为各种各样的缘由而引发争吵。一辈子没红过脸的夫妻是少之又少，两口子吵架是夫妻生活的常态。正所谓小吵怡情，偶尔的小打小闹还可以视为夫妻生活的调味品。但是经常性的大吵大闹，甚至到冷战的地步则要注意了，一旦处理不好，时日一久，夫妻之间隔阂增多，往日的情分会被渐渐冲淡，最后以离婚收场。

夫妻间的冷战，有时是单方面的一方对另一方的冷漠与轻视，有时则是双方互相保持沉默，对彼此不予理睬。它是一种沟通方式，不过这种沟通方式是消极的，不利于双方关系的缓和。如此几天、几十天甚至几个月地处于非合理沟通的状态，双方的矛盾会日益激化，积怨日益加深，最终则有可能造成破坏性的后果。

冷战次数越多，夫妻感情就越淡。冷战中的夫妻往往就是最熟悉的陌生人，他们彼此没有语言沟通，没有眼神交流，他们会用最漠视的态度对待最亲密的人，这是一种精神上的暴力。长此以往，注定会使双方的感情渐渐化为乌有，最终成了"陌生人"。

冷战也是造成出轨的重要原因。长时间冷战会导致双方在生理和心理上都得不到满足，这样就很容易使第三方乘虚而入，最后一方甚至双方都出现外遇，从而激化矛盾，致使婚姻生活破裂。

夫妻间冷战对孩子的成长也是十分不利的。原生家庭对孩子的成长具有非常大的影响。孩子，尤其是处在心智发展阶段的孩子，他们的内心都是非常脆弱敏感的。

如若夫妻间经常性地争吵、习惯性地冷战，这样会使孩子长期处在焦躁当中，他们会变得内向、不自信、缺乏安全感、叛逆，更糟的是变得心理扭曲。

冷战就像是一种慢性毒药，时间越长，毒性就越深。很多夫妻会在争吵过后选择冷战，和好之后，再争吵，继续冷战。渐渐地把冷战当成解决问题的方式。殊不知，这样只是暂时性地将症结给压制住，经年累月，最后积聚在一起变得一发不可收拾。

所以夫妻间吵架一定要避免发展到冷战的地步，如果避无可避，那就要在冷战前把话说明白。

为什么要在冷战前把话说明白？因为有时候对方并不知道你为何要冷战。

前段时间，同事小王上班时情绪一直不高。后来大家才得知是因为他老婆跟他冷战了很多天。可笑的是小王一开始都没搞清楚他老婆为什么要跟他冷战。幸亏他丈母娘给他提了个醒，小王才恍然大悟。原来是小王工作太忙，忘了他们的结婚纪念日。虽然他媳妇儿旁敲侧击好几次，可惜小王都没放在心上，甚至在结婚纪念日那天跟好哥们儿一起出去喝酒，最后还喝得酩酊大醉回家。从那天开始小王老婆就开始跟他冷战。事后得知原因，小王采取各种应急手段才把老婆给哄开心。

现在想想小王妻子的做法并不可取，如果没有丈母娘的提醒，他们这样稀里糊涂僵持下去，只会让事情变得复杂。如果她能在冷战前把自己的诉求跟小王说明白，也许他当场就能做出道歉或者其他补救行为。如此也就没有后来小王上班的心不在焉，她自己也能少生一场闷气，夫妻双方也能免去那么长时间的尴尬状态。

冷战之前把话说明白，减少过多误会的产生，了解彼此的真正诉求，这样即便双方最后还是陷入冷战状态，也可以有思考的方向，有利于找到双方矛盾的根结所在。

"不在沉默中爆发，就在沉默中灭亡。"夫妻之间冷战，有时也是一种缓和当时紧张气氛的方式，但时间不宜过久，而且要在事前讲清楚，以免长时间的不沟通导致双方产生互相猜忌、不信任的心理。即便事后和好，也容易在内心种下怀疑的种子，降低彼此间的信任度，这样不利于夫妻感情的和谐发展。

夫妻之间吵架，无非就是各自有各自的不满。有时是单纯针对某一事件时双方意见相左而瞬间爆发，有时则是因多种怨愤长时间积累而陷入争吵。无论何种原因所致，一旦争执发生，切记要将内心所有的不满全部陈述出来，不要有任何保留，同时还要表达出你想要的解决方式。如果不一次性说明白，那就会给下一次争吵埋下隐患。如果不把自己的诉求说清楚，对方只会依然故我地以不符合你心意的方式行事。只有将问题抛出来，才有可能找到解题的方法。

正所谓"吃一堑，长一智"，既然能在冷战前把事情说明白，那也就没有冷战的必要。如果每次都是各有心结地开始冷战，一旦形成惯性，就很容易发展为冷暴力，进而导致夫妻之间永远横亘着一道无法逾越的鸿沟。

中国现代著名剧作家曹禺的《日出》里写过这样一句话："结婚后最可怕的事情不是穷，不是忌妒，不是打架，而是平淡、无聊和厌烦。"

夫妻吵架是很稀松平常的事情，即使是上升到冷战的程度也并不可怕，只要不是频繁地、长久地发生，只要能够及时有效地解决，就不至于造成严重的后果。

所以，冷战之前一定要将引起矛盾的症结揪出来，然后先不讨论孰是孰非，只管将事实呈现在当事人面前，再进行理性的思考、分析。这样，才能使你的判断真正变得有理有据，最后大家才能真正地心悦诚服，所有的事情才能迎刃而解。

父母爱子，应为其"计深远"

《战国策·触龙说赵太后》里有这样一句话："父母之爱子，则为之计深远"，意思就是说父母关爱孩子，要用长远的眼光，将他们的未来都考量进去。

就像雏鹰在学习飞翔的时候，它的父母会将其从悬崖上扔下，如果它们不打开翅膀，那就只有死路一条。

海豚生出小海豚后会把它们往大海深处驱赶，而小海豚为了生存就必须尽快适应大海深处的环境。

然而，又有多少父母能做到为子"计深远"呢？反倒是一味地宠溺，过分地保护，甚至是盲目地牺牲罢了。

曾经有一篇文章《月薪三万，还是撑不起孩子的一个暑假》在朋友圈疯传。内容写的是：一位当高管的妈妈，月薪三万出头，可因为孩子一个暑期要参加各种培训班、特长班，还要去美国游学等，加起来花了三万五，最后导致她连新衣服都不敢买。

这位母亲的做法虽然有炫耀的成分，但与她经历类似的家长并不在少数。他们往往会将自己的大部分甚至是全部收入都投到孩子的教育与培养上，并且常常打着"不希望自己的孩子输在起跑线上"的旗号。殊不知，他们加到孩子身上的这些，并不一定能完全起到积极的作用，反而很容易扼杀他们真正的能力。

中国家长都存在"望子成龙""望女成凤"的思想，为此他们可谓是"不惜一切代价"，事无巨细地为孩子安排着一切，从表面上看好像是在为孩子的未来发展做打算，实则完全可以称得上是一厢情愿。孩子从幼年到成年一直都处在被动接受的地位，从不懂得该如何选择到惰于选择，这一结果往往都是父母过分的爱所造成的。

对这样的家长来说，目前所普遍缺乏的，不是已然成灾的溺爱，而是充满理性的，真正为其"计深远"的爱。

孩子教育问题向来是中国家庭的头等大事。优秀的家长不仅要重视对子女的教育，而且要懂得如何正确教育。

中国人民教育家陶行知曾说过："培养教育人和种花木一样，首先要认识花木的特点，区别不同情况给以施肥、浇水和培养教育，这才叫'因材施教'。"

所以教育孩子要从实际出发。这就要求家人们平时要做到细心观察、认真分析，尊重个性、解放天性，立足生活，引导与纠正相结合。学会发现他们的特质，进而来加强此方面的培养。千万不可盲目跟从，随大流，最后反而一事无成。

优秀的父母会教育孩子从小树立正确的金钱观，不炫富不哭穷，淡化他们的贫富意识。要让他们懂得财富的取得需要经历一个艰辛的过程，也要明白"君子爱财取之有道"的基本守则，还要了解财富的多少并不是衡量一个人高尚与否的标准。

如今的父母大多只注重子女智商的培养，整日领着孩子奔波在学校以及各个培训班之间，完全弱化了情商教育。他们只关心孩子的学习成绩，却忽略了他们与周围人的关系。现实中学成书呆子的孩子屡见不鲜，他们除了学习之外，几乎没有社交活动，更加没有社交能力。在这个竞争如此激烈的时代，单单只懂书本知识的人才不是社会真正需要的人才。只有智商与情商并存的人，才能更好地适应现实环境，更快地实现自我价值。

林则徐曾给其子女写过这样一副家训联："子孙若如我，留钱做什么？贤而多财，则损其志；子孙不如我，留钱做什么？愚而多财，益增其过。"它的大致意思是子孙如果像我一样优秀，那么我就没必要给他留钱，贤能的人拥有太多钱财，则会消磨他的斗志；子孙如果是平庸的人，那么我也没必要给他留钱，愚钝的人拥有太多钱财，则会增加他的过失。

林则徐不愧为民族英雄，这副家训联简明扼要地表达了他对子孙后代的谆谆教诲，其所展现出的通透的教育观，值得我们借鉴学习。同样的，"石油大亨"洛克菲勒在留给儿子的 38 封信中也曾写道：我们劳苦的最高报酬，不在于我们所获得的，而在于我们因此成为什么。如果你视工作为一种乐趣，人生就是天堂；如果你视工作为一种义务，人生就是地狱。

"股神"沃伦·巴菲特作为闻名于世的亿万富豪，其对子女的教育同样有独到的见解。他从不逼迫孩子必须干什么或者不能干什么。他曾对孩子们说："找到你自己喜欢做的事，然后像我一样对这件事充满热情，每天跳着踢踏舞去上班。"

巴菲特还将自己财富的一大半都捐赠出去，并且告诉孩子日后不会继承到家产。

他曾表示："家庭给了富二代豪华的环境，贫乏的人生。他们不是生来嘴里就有金汤匙，而是生来背上就插着金匕首。"

他的女儿苏西曾这样概括他们姐弟三人的成长史："我们并不是和世界上第二富有的人一起长大的，我们的生活很平常。"

事实上也的确如此。

巴菲特的大儿子霍华德大学退学后做过几年挖掘工，当过停车场收费员，还竞选过公职，最后他发现当农民能让他感到快乐。于是他从向父亲租借的 400 英亩农田开始，到后来他的农场面积达到了 1900 英亩。他甚至亲自去干农活，他认为这是他找到的人生方向。

而巴菲特的小儿子彼得也曾为了自己酷爱的音乐事业而向父亲借钱，结果却遭到了拒绝。彼得气愤地去银行贷了款。后来他表示："在还贷的过程中，我学到的东西，远比从父亲那里接受的无息贷款多得多。现在想来，父亲的观点对极了。"

由此可见，如果你真的爱自己的孩子，就应该让他们学会自己去亲手创造生活，这才是给予他们最根本的尊重。

处理亲密关系，要理性第一

　　每个人都希望能拥有良好的亲密关系，有的人在期待，有的人在寻找，有的人终其一生，也一无所得。这一事实并不是说人们无法获得亲密关系，更多是人们无法保持和处理好亲密关系。

　　大多数人将亲密关系局限在爱情上，这大大缩小了亲密关系的范围。真正的亲密关系既包括爱情，也包括亲情和友情。每个人都会拥有属于自己的亲密关系，这种关系来源于彼此生活相互交错，行动互相依赖，这种关系能给我们带来归属感，让我们感受到生活的温暖。

　　获得亲密关系并不困难，真正困难的是去维持亲密关系。时间久了，我们会发现，朋友之间会渐行渐远，亲人之间会出现嫌隙，爱人之间也会产生隔阂。这些亲密关系中出现的问题都要及时解决，这时，面对不同的亲密关系，就需要采取不同的处理方法。

　　王先生的朋友老李向他推荐了一款价格高昂的保险，王先生确实有保险需求，再加上是好友倾力推荐，王先生爽快地购买了全家人的保险。王先生回到家，将事情告知夫人，没想到却引起了夫人的不满。

王夫人认为买保险要货比三家，朋友推荐的也不一定好，这么大的事情，不能轻易下决定。王先生则认为买保险是为全家人好的事情，老李推荐的保险也很不错，没有必要再考虑那么多。双方为此互不相让，王夫人埋怨了王先生好些天，弄得王先生非常烦躁。因为这件事情，两个人吵得天翻地覆，不仅影响了孩子的学习，也影响了邻居的休息。

王先生和夫人在亲密关系中产生的冲突是非常常见的。夫妻生活是两个人结伴过日子，王夫人要求王先生在下决定之前，和自己适当沟通，这一点是十分正确的。从这里来看，王夫人生气是有理由的。

而从王先生的角度来看，购买保险是为全家人安全做考虑，反正都需要买保险，朋友推荐的肯定要比别人的好。怎么样都要买保险，谁决定还不是一样？沟通不沟通，讨论不讨论并不重要。从这一方面来看，王先生的话似乎也有一定的道理。

如果在亲密关系冲突中，王先生和王夫人都站在自己的立场去看待问题，双方的冲突很难解开。但如果一方能够站到对方的立场上去看问题，冲突就会容易解决多了。

事实上，亲密关系中的冲突大多包含浅层和深层两个方面的冲突。浅层就是最容易看到的部分，也是常常引发争吵的部分。而深层的冲突则并不容易看到，却是指向冲突根源的因素。

浅层方面，王先生和王夫人所争论的是是不是应该买朋友推荐的保险。这个问题并不难解决，双方只要详细看一下朋友推荐的保险内容，再对比一下其他类型的保险，就能够看出朋友推荐的保险是否足够好了。

深层方面，王先生和王夫人争吵的焦点实际是买保险的决定权在谁手上。王先生认为谁决定都可以，而王夫人认为双方应该沟通解决。

争吵过程中，双方都只看到了浅层方面的问题，争吵也大多是围绕浅层问题做文章，并没有意识到深层次的问题。如果双方能够认识到深层次的问题，事情就没那么难解决了。如果王太太能够平心静气地表达出买保险关系到整个家庭，一个人做决定不稳妥的意思。王先生就会同样静下心来，解释自己也是出于好意，觉得保险挺合适，才私自做出了决定。在双方都认识到深层冲突因素时，针对这一因素寻找解决办法就容易多了。

当然，有过同样经历的人可能会说："在双方争吵的时候，根本没有办法冷静下来，更不要提解决问题了。"确实，这一问题涉及了解决亲密关系冲突的核心要素——理性。在解决亲密关系冲突时，只有坚持"理性第一"原则，冲突才会得到根本解决。

所谓理性，就是指在正常思维状态下，为了获得预期结果，能够快速全面了解现实，并分析出可能性方案，选择出最佳方案，并去有效执行的能力。理性是相对于感性而言的，理性的人在面对冲突时，能更冷静、更准确地判断是非曲直，采取有效解决手段。在亲密关系冲突中，理性也是解决冲突的关键因素。

当然，理性并不是用简单的定义就能够解释清楚的，想要在亲密关系冲突中做到理性克制，就要注意一些细节方面的问题。处理好这些问题，才能理性处理好亲密关系。

首先要降低占有欲。无论是在哪种亲密关系中，想要减少冲突问题的发生，首先要降低自身的占有欲。在当今社会，每个人都有复杂的社交关系，在不同的亲密关系中扮演不同的角色，没有谁是专属于哪一个人的。不论是朋友、亲人，还是爱人，都不可能时时刻刻陪伴在我们身边。每个人都是一个独立的个体，这些独立的个体具有独立的人格。

因此，处理亲密关系时，不要将对方当作自己的附属品。很多亲密关系冲突的产生，都是由于一方过度干涉对方的人格自由。在这一层面上的理性应该是针对任何事情，都只提供建议，而不去干涉选择。即使是父母和孩子这样的亲密关系中，父母也应该懂得适时退出，让孩子自己做决定。

其次要学会妥协和退让。在亲密关系中，冲突发生和恶化的一个重要因素就是双方针锋相对，谁也不愿退让，这种对峙只会让冲突愈演愈烈。当冲突发生之后，亲密关系双方都应该懂得适时妥协和退让。通过妥协和退让，双方才能逐渐寻回理性。在理性基础上的对谈，才是解决冲突的重要手段。

很多亲密关系冲突，本就分不出谁对谁错，如果不静下来认真分析，很难平息冲突。双方都应该尝试后退一步，给对方一点空间。这样不仅能够避免过多无谓的争吵，也能让自己尽快调整好自己，慢慢冷静下来。

最后，要多注重原则和底线问题。在亲密关系冲突中，冲突双方都有各自的原则和底线。争吵要知道把握分寸，不去触及对方的原则和底线。再亲密的关系也存在不可触碰的禁区，如果过多干涉对方的私事，将会让亲密关系冲突无法遏制。

亲密关系是一种特殊的关系，但再特殊的关系也需要回归到本质。人与人之间的关系，归根结底就是一种交换关系，每个人都希望用最小的付出去获得最大的回报。亲密关系也同样如此，只有两个人都能在一段关系中获得足够的"收益"，这样的关系才能够维持长久。

在处理亲密关系时，理性是第一要务。缺乏理性，将会让亲密关系冲突一发不可收拾。原本亲密的两个人陷入无休止的争吵之中，争吵持续的时间越长，双方亲密情感的损失也就越多。用理性来及时停止争吵，才是解决亲密关系冲突的关键。

合作式教育，减少亲子矛盾

在家庭教育中，最为常见的就是亲子关系中的矛盾问题，这一问题不仅包括沟通问题、教育问题，同时还包括行为管理问题、情绪管理问题。这些问题归结到一起，可以统一称为亲子关系问题。

亲子矛盾的产生，很大程度是因为家长和孩子之间的关系是扭曲的。在这种关系中，家长往往居高临下，以自己的人生观和价值观来教育孩子，不关心也不在乎孩子的感受。而孩子则会因为家长的做法而对家长产生不信任，甚至敌视的态度，即使心里有话也不愿意和家长说。

很多人认为家庭教育更多依靠于父母的智商，智商较高的父母不仅能够辅导孩子更好地完成功课，同时也能发现并解决孩子学习中的问题。看上去这种论断很有道理，但真正决定家庭教育好坏、决定亲子关系优良的重要因素并不是父母的智商，而应该是父母的情商。

高情商的父母不仅知道如何帮助孩子更好地学习，还知道怎样处理好与孩子的关系。这种处理好关系，并不是对孩子一味宠爱，或严格管教。高情商的父母会与孩子相互尊重、相互理解、相互支持，双方在人格上是平等的。这样孩子才能相信父母，才能学会独立。这样的孩子即使不怎么教育，也能够独立成才。

我们将这种家庭教育方式称为合作式教育，这样的教育方式能够减少亲子关系中的冲突，从而营造出良性的亲子关系。

亲子矛盾的出现，很大程度上是因为父母在教育方式上出了问题。很多时候，父母会将引发问题的责任归结到孩子身上，殊不知是自己并没有做好对孩子的教育工作。

亲子间矛盾逐渐积累，会造成亲子间出现激烈对立的局面。一些孩子和父母关系极为紧张，甚至出现了剑拔弩张的情况，主要就是因为父母的家庭教育出了问题。

当代父母在教育方式选择上，更多注重子女智力方面的培育。对于一些非智力因素的培养，往往不够重视。分数成为父母追求的唯一目标，随着子女分数的起起伏伏，父母的情绪也会起起伏伏。

这种现象会导致父母和子女间的互动沟通，完全局限在学习和成绩上，这也成为父母和子女谈论最多的内容。而在这样的谈话中，父母更多在扮演着唠叨和说教的角色，经常会忽略子女的感受。

更为严重的是，很多父母认为除了学习成绩方面的内容，感到与子女之间无话可说，这便会在父母和子女之间造成一定程度的情感障碍。实际上，生活中的万事万物对孩子来说都具有无穷的吸引力，父母与孩子对话的内容也应该是丰富多彩的。

许多家长因为工作压力，没有办法将更多的时间和精力投入子女教育中。这种现象在当下非常普遍，由于忽视了对孩子的教育和辅导，父母与孩子之间的代沟就会越来越大。

由于生活背景和生活经历不同，父母与子女之间本就存在天然的代沟，这是亲子沟通之间出现障碍的主要原因。调查显示，现代孩子与父母越来越疏远，甚至不想要与父母交谈。从具体数据来看，大约有 69% 的学生感觉无法与父母进行有效的沟通交流，而 42% 的学生认为难以与父母交流，甚至有 27% 的学生从不与父母交流。

直到现在，依然有许多父母认为打骂是帮助孩子成才的利器。一些父母在教育子女时，根本不去考虑子女的人格尊严和心理状态，他们依然将训斥、体罚作为教育子女的主要手段。

事实上，过多使用训斥性语言和体罚，会对孩子的心灵造成巨大伤害，更会影响孩子的自信心。长此以往，子女就会对父母的教育方式产生厌恶，进而导致亲子关系紧张。

一些父母混淆了教育的概念。他们将教育和教训混淆在一起，采取说教的教育方式，不给孩子留出思考和理解的时间，也不让孩子表达自己的观点。另一方面，一些父母还会认为奖励会让子女产生骄傲自满的心理，因此即使子女在表现优异时，也不会获得奖励。这也会影响子女学习和生活的积极性。

由于工作压力，有些父母很少有时间与子女互动。有些父母直到孩子已经上床睡觉了，仍然在努力工作。有些父母为了挣钱养家，一年到头也见不到孩子。亲子间互动减少或消失，让父母与子女间的关系越来越淡薄。

还有一些父母对子女未来缺少期望，对子女也多是放任自流。子女得不到父母的关心和理解，没有地方去倾诉烦恼和疑惑，与父母之间的感情也越来越淡薄，亲子关系自然容易出现问题。

相对于子女而言，父母在年龄、阅历和生活经验方面占有优势，子女由于生活经验不足常会处于被动地位。这样一来，父母常会居高临下，以自己的方式去审视子女，为子女规划蓝图，对子女下达强制性指令，进而忽视子女的个人需求和发展可能。

在亲子矛盾中，父母的坏情绪存在着巨大的破坏力。父母情绪发作，争吵和冷战就会发生，亲子矛盾就会更加激化。

想要解决亲子矛盾，除了要注意上面提到的几个方面的问题，还需要注意坏情绪对亲子关系的影响。解决亲子矛盾的第一步就是改变坏情绪，当然，发现坏情绪并不容易。对于一些父母来说，坏情绪已经伴随他们的思考和行动，形成了一种惯性。

在教育子女的过程中，父母要随时调整情绪，不要让情绪影响亲子关系。当父母学会改变的时候，子女才会随之改变。

父母和子女应该在人格上保持平等，呈现出一种和谐、合作的融洽关系。这样才能减少亲子矛盾的出现。

第六章

情商高手不是人人都喜欢的大众情人

很多人总认为，情商高手是一个大家都喜欢的大众情人，这其实是一个误区。情商高手同样会被人厌弃，只是他们更加懂得管理自己的情绪，不会让恐惧和不安束缚住自己前进的脚步。

人际交往，心态很重要

进入 21 世纪，随着人类社会各个领域的全球化以及现代科技的高速发展，互联网移动客户端的普遍应用，人们的社交活动也呈现出国际化、多样化、频繁化的形态，人际交往已然成为现代人生活中不可或缺的重要组成部分。

人是社会性动物，人际关系也是一种社会关系，并且是建立在一定心理联系上的社会关系，所以人们在沟通、交往中的心理状态对人际关系的建立与发展具有至关重要的作用。

而心态又分为正面和负面。正面心态也就是健康的心态，它如基石般支撑你的人际关系能够长久稳固地维持甚至发展壮大。负面的心态则会产生相反的结果，轻则毫无人际关系可言，重则面临失去一切的恶果。

小黑和小阳在同一家公司工作，他们的业务水平不相上下。有一天，老板突然对他们说："你们两个被开除了，这个星期过完，你们就走吧！"两人在当时都表现出了不解与不满，但又无可奈何，因为老板不想给他们任何追问与解释的机会。当天晚上，小黑越想越气，辗转反侧难以入眠。小阳虽然也有疑问，可他是个乐天派，反正空烦恼也没个结果，倒不如好好休息，于是很快便入睡。

第二天一上班，小黑就开始各种抱怨，同事的安慰他根本听不进去，接下来也再无心工作。而小阳却如往常一样，认真、安稳地完成了这一星期的任务。到了最后一天，小黑和小阳两人正清理东西时，老板却宣布："小阳，你可以留下来。因为你的积极态度打动了我。"听到这样的结果，小黑呆愣在那里，最后只能默默地收拾东西走了。而小阳后来成了公司的副总。

所以想要协调好人际关系，进而获得在学习、工作乃至生活中的成功，就必须要学会养成并保持健康的心态。

狄更斯曾说："一个健全的心态，比一百种智慧都更有力量。"

什么样的心态算健康的呢？

简单来说，健康的心态包括积极的心态与阳光的心态。

美国著名成功学励志专家拿破仑·希尔在他的著作《积极心态的力量》中，将积极心态概括为：诚恳、忠诚、正直、乐观、勇敢、奋发、创造、机智、亲切、友善、进取、努力、愉快、自信、自勉和有安全感等。

而阳光的心态就是能够把别人的责骂、批评、建议等都看成是善意的，以宽容、感恩的态度去听取、去分析、去反省，取其精华，从而不仅可以得到自我的能力的提升，更能促进良好人际关系的形成与可持续发展。

那么该如何养成并保持健康的心态呢？

首先需要说明的是：人的心态拥有稳固性，它是人的某种内心活动长期存续而形成的固有状态。它真正的主人就是你自己，由你掌控与使用。所以它是积极阳光的，还是消极阴暗的，决策权都在你的手中。

当我们想要拥有健康的心态时，我们大致要做到以下几点：

第一，要让积极阳光的想法在内心生根发芽。积极阳光的想法，它如一颗种子，不需要你去刻意培养，只要你愿意提供土壤，它自然会慢慢茁壮成长。而你所要刻意做的，是将那些消极负面的杂草根除，以便积极阳光的种子取而代之。这是一个循序渐进的过程，也是一个收获颇丰的过程。

第二，让健康的心态时刻充斥于生活之中。"吸引力法则"表明：任何你给予能量和关注的事物都将来到你身边。

因此，无论你现在在做什么，你只要记得保持健康的心态来面对你如今正面临的一切就好！哪怕你只是在煎饼摊等着自己的早餐，也请你保持健康的心态：今儿的面饼好像比昨天大，鸡蛋个头也比昨天足，老板娘的手速也比以前快多了……

不妨试试这种以愉悦的心情开始的美好一天，也许以后会一直如此！

其实，我们心灵的容量也是有限的。当你将积极阳光的心态洒满生活的各个角落，与之对应的消极负面情绪也就无处容身。

第三，多从事正能量的活动。刘备去世前曾在遗诏中写道："勿以恶小而为之，勿以善小而不为。惟贤惟德，能服于人。"

小善积多了也会成为有利于世的大善。多做善事、正义之事，这样不仅会得到他人的敬重，自己的人格也会得以升华，人生价值得以实现。

佛教有句名言——救人一命，胜造七级浮屠。

古今中外，历代先哲圣人都在告诫后世要向善、从善。

尽自己之力，哪怕绵薄，哪怕不会立竿见影，只要积极有意义，其结果终究会是好的。

第四，多用积极阳光的想法去影响别人。人们常说："送人玫瑰，手留余香。"积极阳光的心态会像花香一样传染，会像纯净的雨露一样洗涤人们的心灵。

当你用健康的心态对待身边的一切，他们同样会给你做出良好的反馈。

第五，要学会辨别和接受身边的正能量。子曰："见贤思齐焉，见不贤而内自省也。"这句话出自《论语·里仁》。意思就是说看见有德行有才能的人就向他学习，看见无德无才之人，就要反省一下自己是否也有同他一样的错误。

学会接受身边的正能量，因为它会像磁场一样吸引更多积极阳光的事物围绕着你，来进一步促进健康心态的养成。

赞美拉近彼此距离

"赞美"，百度词语解释为：发自内心的对于自身所支持的事物表示肯定的一种表达。

想要成为人际交往达人，学会合理地赞美他人是一项必不可少的基本技能。因为恰当的赞美有利于营造良好的沟通环境，这不仅能让对方身心愉悦，同时自己的事情也会更容易解决。

《昔时贤文》里有这样一句话："好言一句三冬暖，话不投机六月寒。"一句充满理解或者赞美的话语会给人莫大的安慰与勇气，即便是在寒冬也会让人感觉到温暖。相反，那些不合时宜，甚至刻薄伤人的冷言冷语，则会像一把利剑刺透人的心灵，即使在温热的夏日，也会让人倍感心寒。

美国著名作家、演说家马克·吐温曾说："一句肯定、赞美的话，能让我不吃不喝活上两个月。"

犹太人也流传着这样的谚语："只有诚心赞美别人的人，才是值得被赞美的人。"

20 世纪的成功学大师、人际关系学大师戴尔·卡耐基，9 岁时他父亲将继母娶进门。那时的卡耐基是公认的调皮捣蛋鬼，而继母则是个极有修养之人。

当父亲向新妻子介绍卡耐基时是这样说的："希望你注意这个全社区最坏的孩子，他实在令我头疼。说不定明天早上他还会拿石头扔向你，或者做出别的坏事。"

然而出乎卡耐基预料的是，继母微笑着走到他的面前，怜爱地抚摸着他的小脑瓜，然后对丈夫说："你错了，他不是全社区最坏的男孩，而是最聪明，只是还没找到地方发泄热忱的男孩。"

继母的一番话让卡耐基感动得热泪盈眶，因为在她之前从没有人夸赞过他聪明。这句话使得卡耐基与继母之间建立起了深厚的友谊，也为他以后的成功提供了动力。

由此可见，赞美的力量是多么强大与奇妙！

那么该如何去赞美他人，从而拉近彼此间的距离，提高自己的人际交往能力呢？

首先要明确的是赞美不是巴结讨好、阿谀奉承。恰如其分的赞美需要讲究一定的技巧和方式。

当你要赞美对方时，首先要寻找并分析他身上有哪些值得称赞的闪光点，而不是毫无诚意地说出一些空泛、生硬又过分夸大的话。那样不仅会显得自己很庸俗，也会令对方怀疑你带有某种动机，从而在沟通中增加对你的戒备心理。

下面再举一个关于卡耐基赞美他人的例子。

有一次，卡耐基去邮局寄一封挂号信，当时准备办理的人很多，而那位负责管理挂号的职员明显有些烦躁。

卡耐基心想："我必须说一些能使他高兴的话。他有什么值得我欣赏的地方吗？"然后，他仔细地打量了那个职员一番，并且很快地找到了他身上的闪光点。

"我很希望能有您这样的头发。"卡耐基真诚地对着正低头为自己办理业务的职员说道。

对方惊讶地抬起头，脸上随之泛起微笑，然后谦虚地回道："嘿，没有以前那么好看了。"

卡耐基则对他说："虽然它们失去了那么一些光泽，却仍然很好看。"

职员一听，开心极了，表情也变得更加灿烂。在他们短暂又愉快的交谈结束后，职员最后说了一句话："之前有不少人称赞过我的头发。"

对方的闪光点并不都是那么显而易见。所以想要每每都能恰如其分地赞美他人，有时会有一定难度。所以我们要将真诚地赞美变成一种习惯。慢慢地你会发觉找到一个人值得称赞的地方是一件很简单的事情。因为它也是有规律可循的。

比如说，当一位儿童服装售货员在面对年轻的母亲时，夸赞她的孩子比直接赞美她本人更令其感到开心；当好久不见的闺蜜说自己又变胖时，比起直接反驳她，适度地认可转而用她身上的其他闪光点来赞美她，也许效果会更好。

如果你只有一双会发现的眼睛，而不会将或不屑将真实感受表达出来也是不够的。这样不仅会影响他人对你的判断，同时也不利于沟通交往的顺利进行。所以，你还要学会适当地活动活动嘴巴。如此才能让对方感受到你内心的炙热，才能真正温暖到、触动到对方的心灵。进而，你所期望的事情才会朝好的方向发展。

能发现对方身上闪光点的人，是良善之人，能对其闪光点毫不吝啬地表达赞美的人，谓之大智慧也。

经常真诚夸赞、赏识他人，渐渐地你也会得到周围人的认同与敬重。

虽然喜欢听到赞美的话是人类的天性，但在人际交往中也要把握好赞美的分寸。适度的称赞会让对方身心愉悦，一旦超过界限，就会让人感觉不适，甚至有拍马屁之嫌。

另外，赞美他人时，切忌附加条件的赞美。你所赞美之事尽量不要与你所求之事有太多牵扯。否则，对方会认为你是有备而来，更甚者会觉得你虚伪，即便你表现得再诚恳，对方的心里还是会多出一些疑虑，从而影响你本来意图的实现。

在实际生活中，人们常常会从第三方的转述中听到赞美之词，尤其是那些出乎意料的称赞，这往往更令人动容，更使人感受到诚意，从而在无形之中对你增加好感度与信赖。

经常在背后称赞、赏识他人是高情商人际交往的表现。当然前提必须是真心诚意的，刻意为之终归不自然，且容易被识破。

换位思考，理解别人的难处

换位思考是一个社会学名称，意思是设身处地地为他人着想，站在对方的立场上体验和思考问题。这既是一种人性理解也是一种人文关怀。

孔子曾说："己所不欲，勿施于人。"这句话简单通俗来讲就是：自己不希望强加己身的事情也不要强加给别人。

《圣经新约·马太福音》中写道："无论何事，你们愿意人怎样对待你们，你们也要怎样对待人。因为这是律法和先知的道理。"

可见，先哲圣贤很早就对"换位思考"做出了警世之言。告诫人们要以对待自身的行为来当参照物，将心比心，宽厚容忍。

同样，换位思考会让你与对方处于同一个人性标准，如此便提供了一个宽容、理解他人的前提，只有学会站在他人的角度看问题，体会对方的难处与想法，才能达到更好的沟通效果。

曾经听一位做客服的朋友说过这样一段话："你知道吗？我以前拨打移动客服，事后从来不给评价。不管对方服务的多么热情周到，只要我咨询的问题解决完了，我就立即挂断电话，好评、差评都不留。

如今我也成为他们其中的一员，这时我才真正了解到好评的重要性。因为业绩考核里的其中一项是参评率，一旦出现一个差评，你就需要用 33 个好评来背，这样才能达到最低参评标准。所以，从此以后，无论什么客服，只要需要评价我都会给。"

奇妙的是，自从听了她的故事，我也慢慢养成了这种回复评价的习惯。

上面的故事是当事人真实体会之后做出的感慨与改变，是一个具体的换位思考案例。可事实上，很多时候你并非能真正地处在对方的那个位置、那种状态。而此时的换位思考需要的是我们能从内心，从思维上站在对方的角度来分析、解决问题。

那么在人际交往的过程中，换位思考有哪些积极意义呢？

换位思考能够建立同理心。同理心是一个人想要真正了解他人、帮助他人而做出的心理反应，有时也可认为是同情心。一旦选择换位思考，首先就要建立同理心，如此才能把自己放在对方的处境中，从对方的思维角度出发来看待问题、解决问题。

"圣雄"甘地有一次外出坐火车，当时准备上车的人很多，所以直到火车要启动的时候，甘地才勉强踏了上去，却不小心被车门夹了下脚，一只鞋子被弄掉在门外，甘地想都没想，便把另外一只也脱了下来，扔了出去。有些乘客不理解他的行为，而甘地则笑着回答："假如一个穷人恰好从这里经过，那么他正好能得到一双鞋子，而不是一只。"

作为"国父"，甘地能时时刻刻为底层人着想，视他人的苦难为自己的苦难，悲悯众生。这就是他能够被称为"圣雄"的重要原因。

换位思考还能帮助我们打破沟通僵局。在人际交往中，每个人都是独立的个体，每个人在考虑同一事情时的出发点基本都是自身利益的最大化。然而，各种利益冲突无时无刻不在发生。当自身利益受到反击时，人们出于本能来保护己方，抵抗对方，矛盾也由此产生，所求之事便随之陷入僵局。

当上述情况发生时，如若双方均互不相让，一味站在己方角度考虑，那么结果只会越来越糟，甚至两败俱伤。所以至少要有一方懂得换位思考，善于从对方立场出发，理解他人的难处，如此才能更容易找到解决问题的突破口，进而使事情向好的方面发展，最终达成共赢。

换位思考还有助于树立起宽厚仁德的形象。懂得换位思考的人是一个无私的人。

懂得换位思考、理解他人难处的人一定是一个心胸宽广、豁达乐观之人。

康熙年间，在安徽省桐城境内发生了一个脍炙人口、流传至今的民间故事。

一天，大学士张英收到一封家书，信中写到吴姓邻居盖房时欲占用张家三尺宽的宅基地，张家人不肯，双方因此发生纠纷，并闹到了县衙。县官因着两家都是名门望族，左右都怕得罪，一时间难以定夺。张家人就想着借张英的权势来打赢这场官司。结果张大学士阅后，随即回诗一首："千里家书只为墙，让他三尺又何妨？长城万里今犹在，不见当年秦始皇。"

家人接到回信后，立即退了三尺相让。而吴姓邻居获知此事深表感动，也让出了三尺。"六尺巷"由此得名。如今这里已然成为安徽省桐城市的一道风景线。

张英用一首诗来教育启发家人，让他们懂得了推己及人，站在对方的立场来思考、解决问题。结果吴姓邻居被他们的宽厚行为所打动，同样做出了让步。最终事情得以圆满解决。张英的仁德之行也被后世所传颂。

换位思考还能增强心智水平。换位思考不只是去简单地猜测对方的想法，而是能够真正发自内心地去考虑他人的实际需求。再从对方的实际需求出发，进一步找到相对应的合理解决途径。

懂得换位思考的人，是一个有大局观的人。这样的人经常站在多角度来观察、思考周围的一切。他们从自我的小世界里跳出来，用更强大的内心去感受更广阔的天地。渐渐地他们的眼界会拓宽，思维会更加活跃，领悟力会更高。进而能够熟练且轻而易举地找到待人处事的最佳方式方法。

六祖慧能曾说："菩提本无树，明镜亦非台。本来无一物，何处惹尘埃？"跳出自我思维限制，用超然万物的眼光来看待万物，才有可能参透其本质。

不是所有的人都值得交往

人们常说，多个朋友多条路，朋友多了路好走。

在现实社会中，人们为了更好地立足于世，人际交往成了一项必不可少的活动。而其重要组成部分就是你的人脉，人脉越广，在某种程度上越有利于一个人的生存与发展，但要想人脉广就要多交朋友。

然而，事实上并不是所有的人都值得我们去与之交往。一旦所交之人非善缘，则有可能造成负面影响。

小李刚刚大学毕业，每个月的工资不多，为了节省开支，她不得不与人合租房子，好在同屋小付也是个女生。

小李虽然是个性格偏高冷的女孩，但小付却是个自来熟，加上两人年龄又差不多大，很快她们的关系便热络起来，变得无话不谈。

由于小李工作努力，表现出色，不到一年就得到了晋升，工资也跟着水涨船高。小李也开始注重起衣着打扮，无论是化妆品还是服饰都会买一些相对高端的品牌。对此，作为普通服务人员的小付经常表现出美慕之意，而小李觉得两人身材相仿，所以有时会很大方地与之分享。

后来，小李交了个男朋友，对方条件很不错。小李过生日的时候，男方送了一条漂亮的手链给她，小李很是喜欢。可是到了冬天，她里面穿的毛衣袖子经常被链子刮到，所以她便摘了收到梳妆台的盒子里，想着天气转暖的时候再拿出来戴。结果等她再次打开盒子的时候，里面空空如也。

小李一开始以为自己记错了地方，便着急得到处翻找，可是怎么都找不到。她既伤心又无奈，打电话给男朋友坦白交代，还不停地埋怨自己是个马大哈，好在对方很贴心，没过几天又送了条最新款式的给她。

本以为事情就这样过去了，结果没想到，一条朋友圈把她弄蒙了。

照片里，小付比着剪刀手朝着镜头一脸灿烂地笑着，而小李看到照片却怎么都笑不出来。因为小付的手腕上竟戴着自己以为丢了的手链。为了避免误会，她仔细看了看，最后确定就是自己的那条没错。

她忍不住怒火，一通电话打过去质问小付。小付听清了她的来意，一开始还很心虚，结果到后来竟理直气壮地问："你不是什么都爱和我分享吗？我夸你的衣服首饰漂亮的时候，你不是也很有成就感吗？现在戴了你的破手链怎么就受不了了？"

小李对小付充满歪理与挑衅的话语很是恼火，自己的好心竟被看成是虚荣心作祟，偷东西的人居然还如此理直气壮，可惜自己不像她那样伶牙俐齿，只能自认倒霉，怪自己识人不清。

当天晚上小李便搬出了出租屋，她觉得和这样的人一分钟都不想多待。

这则小故事告诉我们，与人交往一定要擦亮眼睛，小心他人的虚假伪装，鉴别真正值得你结交之人。

那么，我们到底应该与什么的人样结交呢？大致可以总结为以下几种类型：

身心健康，充满正能量的人可以结交。俗话说得好：近朱者赤，近墨者黑。多与身心充满正能量的人交往，我们也会受到感染，从而变得积极向上，反之则会腐朽堕落。

华尔街有句格言："如果你想要致富，那么就必须远离蠢材至少五十米。"

志同道合，追求进步的人可以结交。在追逐梦想的道路上，如果能有相同志趣的人伴随左右，那是多么幸福的事情。如此，你便不再感到孤单，便能多一份前进的动力，从而更快更好地实现人生理想。

身有所长，比自己强大的人可以结交。这类人可以作为你人生的导师。他会在你迷茫时给你指引，在你前进时给你助力，是真正能成就你的人。

重情重义，有担当的人可以结交。这样的人会在你得意时真心祝福，也会在你失意时鼎力相助。他既是你的"锦上添花"，更是你的"雪中送炭"。

宽容大度，谦和善良的人可以结交。与宽容良善的人做朋友，渐渐地你也会心胸宽广。他们会让你有时时沐浴在暖阳下的感觉，你也会渐渐敞开心扉，把精力放在值得关心的事情上。

懂得欣赏，善于批评的人可以结交。能真心赞美你的优点，指正你的缺点之人必是知己。这样的人往往会经常陪伴你的左右，他会希望你跟他一样优秀，甚至比他还要优秀。这样的人会替你分担压力，会帮你减轻浮躁，是你一生最难能可贵的财富。

这样的人也许不经常陪伴在你左右，但只要你需要的时候，他便会出现，给你想要的鼓励与意见。

诚恳坦率，不虚伪做作的人可以结交。这样的人简单、纯粹，不需要你去同他虚与委蛇，你们谈话、共事顺畅无阻。

积极向上，百折不挠的人可以结交。这样的人通常是经历过岁月洗礼的人，是被生活淬炼后拥有大智慧的人。他们能教会你快速成长，你会折服于他们坚毅的品格与不屈不挠的精神。

总之，凡是能指引你前进，支持你前进，与你携手前进的人都是值得结交之人。切记要远离那些内心阴暗、忌妒心强，惯于溜须拍马、无底线奉承、爱抱怨、易浮躁的负能量携带者。

善用自嘲巧解尴尬

　　自嘲，最通俗的解释就是自己嘲笑自己，它是一种幽默的说话方式。这种方式往往能起到调解气氛、化解尴尬的作用，同时还能彰显出自嘲者谦逊有礼的美好品质。

　　幽默，常常被认为是只有聪明的人才能驾驭的语言艺术，有些人甚至认为自嘲是幽默的最高层次。不管怎样，懂得自嘲的人大多都是情商高手。当然其中不乏一些名人贤士。

　　苏格拉底的妻子赞西佩是一个极泼辣尖锐之人。据说，两人在一次争论过后，她向苏格拉底泼水，而苏格拉底则说："雷鸣之后，通常会普降甘霖。"

　　虽然苏格拉底经常受到妻子的辱骂与习难，但他却以此自嘲："娶这样的老婆好处颇多，她不仅能锻炼我的忍耐力，还能提升我的个人修养。"

　　面对悍妻，苏格拉底不是一味地与其正面硬抗到底，而是用自嘲的方式解决矛盾。这样既保全了妻子的颜面，也显示了他的绅士风度与宽阔的胸怀。

当他人有意或者无意冒犯你时，为了避免尴尬，也为了防止更大伤害的发生，用自嘲来摆脱这种处境，是一种明智的选择。

阿姆斯特朗是第一个登上月球的人，他的那句"That's one small step for a man,one giant leap for mankind（这是我个人的一小步，却是人类的一大步）"至今在无数场合被引用。然而当时与他一同参与登月任务的还有另外一个宇航员——巴兹·奥尔德林。只不过他是第二个登月之人。所以在返回地球的记者招待会上，有人问奥尔德林："你会不会感到遗憾，因为阿姆斯特朗先下去？"

提问一出，场面一度尴尬，连阿姆斯特朗的表情都变得很不自然。可奥尔德林却面不改色，甚至轻松地笑着答道："你们要知道，当我们回到地球时，第一个爬出太空舱的可是我呀！我可是从别的星球过来，然后第一个踏上地球的人啊！"

听了他的回答，全场所有人都笑了出来，并对他报以雷鸣般的掌声。

面对记者的咄咄逼人，奥尔德林并没有针锋相对予以正面还击，而是从自身出发，以自嘲的方式巧妙地回答了对方的问题，缓解了当时的尴尬气氛，并且那么坦然、流畅，毫不虚伪，令人心悦诚服。

法国文学家、思想家罗曼·罗兰在《米开朗基罗传》中写过这样一句话："世界上只有一种真正的英雄主义，那就是在认清生活的真相后依然热爱生活。"

喜欢自嘲、善于自嘲之人，往往都是对自身有着深刻认识、对生活有着诸多领悟之人，是身处险恶环境依然能微笑面对之人。

"运交华盖欲何求，未敢翻身已碰头。破帽遮颜过闹市，漏船载酒泛中流。横眉冷对千夫指，俯首甘为孺子牛。躲进小楼成一统，管他冬夏与春秋。"这是一首七言律诗，名为《自嘲》，作者是鲁迅先生。在本诗中他用碰头、破帽、漏船、孺子牛等形容自己，文字诙谐有趣，内容又不失严肃庄重，看似讽己，实则是表达对当时黑暗政治环境的无比蔑视与痛恨，同时也反映出了鲁迅先生在豺狼虎豹当道的黑暗社会中毫不退缩、乐观面对、奋勇反抗的战斗精神。

自嘲是能笑对自己的不完美，这需要你拥有更加广阔的胸襟，懂得正视缺点。

黄渤是演艺圈公认的高情商代表，他同样也是一位自嘲高手。

我们都知道，黄渤的外形条件在被俊男美女所充斥的演艺圈中并不占优势，而且经常被人们拿来调侃。

一次采访，记者突然问他："你觉得自己是帅哥吗？"黄渤先是一愣，然后笑着说："我怎么听你这问题像是在骂人呢？"周围的记者都被他这句充满自嘲的话给逗乐了。尴尬的气氛也被瞬间巧妙地化解。

面对自己不够帅气甚至有些偏丑的模样，黄渤并没有自怨自艾，也没有因为他人的冷嘲热讽而愤怒抨击。他每每遇到此种情况，几乎都是用自嘲的方式来予以回应，比如他会说："其实我长着一张抗抑郁的脸，我最帅的一般都是背影。"这样幽默诙谐，又透露着自信的话语，怎能不引起他人的喝彩？

懂得自嘲，使得黄渤在圈内获得了好人缘的同时也放大了他的长处，人们并没有因为他的自嘲而对他有所轻视，反而渐渐地已经不太在意他的外貌，更多的是去关注他的作品。后来黄渤在娱乐圈里面如鱼得水，不仅是一线演员，还做起了导演，可谓是名利双收。想来这也是黄渤想要的效果。

台湾第一美女林志玲曾对黄渤做出这样的评价："他懂得用自己的幽默让别人舒服。"也许这就是黄渤的魅力，即便没有帅气的外形，却依然是很多女人的理想型。

由此可见，当我们无法规避缺点，别人又对此借题发挥时，那我们不如先他人一步，自己坦然面对，这样既堵住对方的嘴，避免了无休止的争辩，同时也是对自己的一种保护，更能彰显出人格魅力。

需要注意的是：自嘲在人际交往中虽然好处多多，但在应用的时候也要讲究适时适度，以免弄巧成拙，产生负面效果。所以过分自嘲或盲目自我贬低都不可取。

高情商修炼要懂得"交往有度"

我们要面对各式各样的人，会与各种性格的人成为朋友，而且由于价值观的不同，我们与这些朋友的亲疏程度也都各不相同。这就导致我们在与他人相处的过程中需要选择恰当的相处模式，切不可"一视同仁"，要懂得"交往有度"。

古语有言：秀才遇到兵，有理说不清。说的是读书人与粗人在沟通上难以达成一致。所以如果秀才想要圆满解决自己的事情，当然就不应该再用他读书人的那套高谈阔论、繁文缛节，那样不仅让对方理解不到真实意图，还有可能加深误会，激化矛盾。只有选择适度的交流方式，才有可能达到预期效果。

人与人如何能够相处得和乐融洽这是一门很高深的学问。因为每个人都是独立的个体，所以每个人的思维出发点与利益着重点都不相同，每个人最舒服、最喜欢的相处模式也都不相同。

与人交往，要讲究一个"度"，有时可能需要你后退一步，有时则要点到即止，有时又需要你再进一步。只有把握好"度"，才能保证彼此之间的关系能够长期和谐稳定地发展下去。

"豪猪理论"出自德国哲学家亚瑟·叔本华的《美学随笔》，它主要讲的是：在一个寒冷的冬日，一群豪猪为了取暖相拥在一起，可它们却被彼此的硬刺给扎痛，于是只能被迫分开。但为了取暖，它们不得不再次靠近，身上的硬刺又再次把它们扎痛。如此反复磨合，直到最后它们终于找到了一段恰好的距离——相互交错着叉开相拥，这样既可以互相取暖又不至于扎伤彼此。

现实是，在人们或主动或被动地参与到人际交往的社会活动中时，难免会遇到让人无法忍受之人，然而由于某些原因，甚至是不可抗力，人们又不得不聚在一起，从而形成人际关系网。既然逃避不了这种必要的接触，那就只能去寻找最佳的模式，保持一定距离，即便不够完美，却也不至于给双方造成致命损失。

英国人有这样一句话："Keep your distance."它常被译作"不要太亲近"，强调的就是在社会交往中保持一定距离的重要性。与人交往时，我们不可一味地窥探他人，尤其是他人的私密领域，否则会让人觉得无所适从、难以忍受，进而导致人际关系破裂。

懂得交往有度是理性的、为人处世成熟的表现。当然这个"度"想要把控好的确需要一定的经验与技巧。

在当今社会，根据所交之人进行亲疏的分类，不同类的朋友需要不同的相处模式。我国自古便有很多关于朋友的四字成语。比如：感情不深的朋友可以用"点头之交""泛泛之交""一面之交"等词语来形容；感情比较深厚的挚友可以用"肺腑之交""生死之交""胶漆之交"等词来形容；志同道合的朋友可以用"金兰之交""忘年之交""莫逆之交"等词语来形容。

同时，人际交往可谓是一个循序渐进的过程。举例来说，当一个人刚刚进入大学生活的时候，所有的师生对他来说都是陌生人。经过一段时间的相处，他们其中的一部分会和他成为"点头之交"，再然后经过更深层次的沟通与了解，有一小部分会成为与他无话不谈的"知己""铁哥们儿"。而在此过程中，面对不同的人，他与之交往的亲疏程度亦有所不同。

面对陌生人时，要有礼有节。这类人可以是你第一次见面的人，或者是你极少与之见面的人。与此类人相处时，通常只涉及一些事务性事件。一般不太需要你投入大量时间、精力在他们身上。就像你在网上点了份麻辣烫，外卖小哥准时送达，你最多也只是对他说声"谢谢"而已，却绝不会把他让进家里来坐下像老朋友那样陪你聊天。

面对普通朋友则要互相尊重，真诚相待。这里所说的普通朋友是一个比较宽泛的概念，它同时还包括同事、生意伙伴、生活圈所产生的朋友（家长群、驴友群、健身群等），也就是能够分享一些基本信息，有一定互动，却几乎不会谈论到涉及自身私密内容的朋友。

与此类人交往，要本着互相尊重、以诚相待的原则，不必事事迁就他人，也不可太以自我为中心。说话点到即止，最好从客观事实出发，切不可过分发表主观见解，以免产生不必要的口舌之争。

同事是人们除了家人之外接触最多的群体，也是最容易产生矛盾纠纷的群体。一旦掌握不好与同事之间的相处之道，不仅影响职场生活，也会给职业发展带来不利影响。

面对挚友就会更加亲密，但也要有所克制。一般双方达到挚友的层面即是彼此志同道合，互相了解得更加深入，信任度更强，尊重度更高，联系度更紧密。此时的你们会变得更加坦诚，会开始分享一些秘密来纾解内心的种种压抑，彼此安慰的同时会守护这些秘密不为外人道。

挚友间说话的方式会更加随意，有时甚至会有些"口无遮拦"，但只要不超过既定的"红线"，便不会对彼此的关系产生负面影响。

可即便如此，挚友间交往也还是要保持一定的"度"，再亲密无间的朋友，关系处理不当也有可能反目成仇。

面对家人则不能过分放纵情感。家人，即血缘至亲或法律至亲，他们往往是你最坚强有力的后盾，是你最安心的避风港，是可以最大限度容忍你所有缺点的人，也是最容易发现你真实面目的人。

我们经常会听到这样的议论：一个人在外人眼里是谦谦君子，可是一到了家人面前就会变得歇斯底里、暴跳如雷。

因为人的自然属性，让他们在自我感到安全的领域里更容易宣泄真实情感，所以常常会有这种"两面派"。

然而，不管家人如何包容、忍让，还是有一定的限度，而一旦越线，同样会产生负面效果。所以那些离婚、断绝关系的事件时有发生。

总之，不论亲疏都要掌握一定的分寸，以免过犹不及。常言道："人生如尺，要有度。"与人交往亦是如此。

第七章

想要情商高，就要会说话

沟通的成败很大程度上取决于能否把话说到别人心里，这是很重要的沟通技巧，更是高情商的表现。想要情商高，首先要学会说话。

高情商就要把话说到别人心里

当今时代，数据信息正在呈现出爆炸式增长的态势，互联网带来的科技革命正在改变着每个人的生活。人与人之间的交流方式也发生改变，面对面的交流逐渐变少，使用信息工具交流的情况越来越多，这也是互联网对人类生活方式的深刻变革。

互联网深刻改变了我们的生活，但它终究只是一种媒介，并没有办法完全替代生活。生活中的很多方面都是互联网所无法改变的，一个最主要的方面就是人与人之间的言语沟通。互联网能够改变人们沟通的方式，却无法改变人们说话表达的内容。那么究竟是什么影响着人们说话表达的内容呢?

答案就是情商。

前面我们提到了情商高的一些基本内容，接下来我们主要来介绍一些高情商的具体表现。在高情商的众多表现中，说话表达可以说是最为直接的表现，而能够把话说到别人的心里，则更是高情商的具体表现。

把话说到别人心里有两种具体情况，一种是一方说的话暗合了另一方的心思，另一种则是一方通过察言观色，看透了对方的心思，故意表达出对方更容易接受的内容。

我们知道，聊天的一个最好状态就是两个人都能够享受聊天的过程。聊天过程中，如果谈论对方感兴趣的话题，沟通就会很轻松。如果谈论对方不感兴趣的话题，沟通就会很难进行下去。

因此，想要让沟通高效进行，就要多谈论一些对方感兴趣的话题，这是最为有效的深刻了解别人的方式。谈论对方感兴趣的话题，正是将话说到别人心里的具体方式。

《红楼梦》中有这样一段内容：贾宝玉被打之后，袭人向王夫人建议道："如今二爷也大了，里头姑娘们也大了，以后叫二爷搬出园外来住，就好了。"对此，王夫人感叹道："我的儿！你竟有这个心胸，想得这样周全，我何曾又不想到这里，只是这几次有事就混忘了。你今日这话提醒了我，难为你这样细心。真是好孩子！"此后王夫人不仅对袭人的建议大加赞赏，同时还暗示要提升袭人。

袭人的话正是说到了王夫人的心坎里。能够在合适的场合说出如此"暗合"王夫人心思的话语，可以想见袭人的情商是很高的。

相比于让自己的话语暗合对方的心思，不如通过察言观色，表达出顺应对方心思的话，这是更为常见的一种把话说到别人心里的情况。第一种情况的沟通更多是见解相同，第二种情况则更多运用了沟通技巧，所以更能够体现情商的高低。

与他人沟通，我们不可能只谈论对方感兴趣的话题。当遇到对方并不那么爱听的话时，将其说到对方的心里，才能让沟通继续进行下去。

古人常说"良药苦口利于病，忠言逆耳利于行"，想要将对方并不感兴趣、甚至反感的话语说到对方心里是不容易的。当然，这也并不是完全无法做到的。一般来讲，做到以下几点，将会更好地帮助我们将"忠言"说到对方心里。

第一点，要在沟通中突出诚意。无论是简单与别人聊天，还是向他人提出意见，最为重要的一点是让对方感受到我们的诚意。要让对方知道我们所表达的信息都是出于一片好心。如果让对方觉得我们的话语是另有所指，这样他不仅不会接受我们的建议，还会表现出进攻姿态，站到我们的对立面上。这样一来，沟通也就无法顺利进行下去了。

第二点，说话要忠于事实。语言不是虚构事实的工具。与人沟通，尤其是向别人提出忠告，一定要建立在事实真相基础上，不能无中生有。如果不了解事实真相，就不要随便发表意见。如果不了解对方的行为意图，就不要指手画脚，这样只能增加对方的不满。

第三点，沟通中要注意场合。想要指出对方的问题，或是提出建议，最好在私下里进行。没有哪个人喜欢在大庭广众之下被人指出问题，即使问题确实存在，在公共场合也很少有人能够平心静气地接受他人的意见。如果不注意场合，就会让对方下不来台，即使我们的意见是善意的，也会让对方产生抵触情绪，让沟通戛然而止。

第四点，说话要突出重点。让对方接受我们的观点，首先要让他理解我们的想法。要做到这一点，就要在表达时理清思路，简明扼要。言语啰唆、表达不清都会影响沟通效果，这种表达不要说传递到对方的心中，让对方完全理解都成问题。

第五点，说话要留有余地。不能过分逼迫对方，不要把对方的道路都堵死，这样会让人产生强烈的逆反心理。如果对方产生逆反心理，就容易让沟通走向失控。说话时，与其咄咄逼人让对方陷入绝境，不如多一些赞美和认同，让对方感受到尊重，这样人家才能更加心平气和地与我们沟通。

向朋友提出忠告时，也应该注意留有余地，不要把忠告建议变成警告通知。

沟通的成败很大程度上取决于能否把话说到别人心里。能把话说到别人心里才能在沟通中掌握主动，这些人往往是情商较高的人。表达前，他们会首先观察对方神态、揣摩对方心理，然后再运用出色的口才说出让人爱听的话语，最终达到沟通的目的。

把话说到别人心里是重要的沟通技巧，更是高情商的表现。

高情商要懂得"话中有话"

高情商的人拥有独特的沟通之道，沟通技巧不仅仅包括表达技巧，同时也包括倾听技巧。高情商的人不仅善于运用各种表达技巧，同时也善于倾听他人的话，懂得他人"话中有话"也是高情商的重要表现。

中唐时期，平卢淄青节度使李师道野心勃勃，依靠手中的兵权，起兵叛乱。当时，李师道很欣赏诗人张籍，多次邀请张籍前往家中做客，还经常以金银拉拢张籍。

张籍很反感李师道的叛逆做法，但又不知道如何拒绝对方的邀请。在经过苦思冥想之后，张籍想出了一个方法。一天，张籍写了一首诗送到了李师道府上，在诗中他向李师道讲述了一个故事。

故事的内容是讲一个男子对一位已婚女子痴心不改、苦苦纠缠，希望有一天她能够回心转意。女子为了忠于自己的丈夫，含泪婉拒了男子赠送的信物。

看完张籍的诗，李师道便不再说话。在一段沉默之后，李师道缓缓对下人说道："张公子既然不愿意，老夫也就不再强人所难了，此事不要再提。"

单从情商角度来看，张籍和李师道都算是情商较高之人。张籍的情商表现在他懂得用"话中有话"的方式向李师道传递意愿，李师道的情商则表现在他能够看得出张籍的"话中有话"。其实，高情商的人都能够做到这两个方面，既能听出对方的"话中有话"，也懂得去合理运用"话中有话"的技巧。

我们所面对的大多数沟通困难，都是由于沟通不畅导致的。一方面，想要完全理解对方的观点思想并不容易；另一方面，让对方接受我们的观点思想也同样不容易。

高情商的人在沟通过程中，很少直接表达观点，他们常常会使用"话中有话"的方式烘托和暗示。这是重要的沟通技巧，因为给对方留有回答的余地，所以常常能够产生很好的沟通效果。面对一些特殊情况时，高情商的人往往会使用到这种方法。

一位酒客前往酒店喝酒，老板看他是生人，便以半杯酒当满杯酒卖给他。喝第一杯酒时，酒客并没有说话，但喝完第二杯后，他向店主问道："你们这里一个星期能够卖出多少桶酒？"

店主得意地回答道："35桶。"

酒客继续说道："我想出了一个办法，能够让你每个星期卖掉70桶酒。"

老板听后十分惊讶，向顾客询问道："你有什么办法？"

酒客笑着说道："很简单啊，你只要将每个杯子中的酒都装满就行了。"

酒客利用店主唯利是图的心理，在对话中设置了一个巧妙的圈套。当店主进入圈套之后，再用"话中有话"的表达，揭露出店主利用半杯酒充当一杯酒售卖的恶劣行为。

利用这种方法揭露店主的卑劣行为，要远比简单的斥责有效得多。在多数沟通情境中，过于直接的表达都不太合适。沟通未必要直来直去、开门见山，还可以通过"话中有话"的方式表达意见、传递思想。

正如这位酒客一样，如果直接揭露店主的行径，可能会遭到店主的反驳，店主还会利用自己的"主场优势"让酒客难堪。如果酒客真的直接揭露，那就是低情商的表现了。但恰恰相反，这位酒客利用高情商的表现既揭露了店主的行径，也表达了自己心中的不满。

任何一个人都能够看得出，上面故事中的酒客是在讽刺店主的恶劣行为。如果店主能够看出这一点，那说明店主的情商并不低，但如果店主丝毫看不到酒客"话中有话"的意思，那他的情商就真是太低了。

运用"话中有话"的技巧是高情商的表现，识别"话中有话"的技巧同样也是高情商的表现。一般来说，识别对方的"话中有话"需要多注意以下几个方面内容：

首先，再幼稚的问题也不要忽视。我们可能会经常遇到一些比较幼稚的问题。不可否认，有些问题确实较为幼稚，其中也并没有什么特殊含义。但作为有正常思维能力的个体，经常提出一些幼稚的问题，就很不正常了。

我们要仔细分析对方的问题，不能因为那些问题看上去比较幼稚就忽视。有时对方提出的幼稚问题可能是为了为难我们，因此，识别出对方的"话中有话"是十分必要的。

其次，不好回答的问题要格外谨慎。我们还会遇到一些不好回答的问题，回答时一定要谨慎。当对方提出了不好回答的问题时，我们首先需要考虑对方是否真的不知道这个问题的答案，还是知道答案，却故意想要让我们来回答。

想要弄清楚这一点，就要从我们与对方的立场和关系方面去考虑，仔细分析后再去回答。如果对方真的不知道问题的答案，我们便可以如实解答。如果对方明知道答案却要继续问我们，那就要好好分析对方的动机之后再选择是否回答。

最后，要用巧妙的方式去应对"话中有话"。通过分析思考找到对方话语中设置的陷阱，是第一个步骤。接下来的回答，才是我们需要关注的重点。如果真的是"话中有话"，我们的回答就要尽可能巧妙，既要让他无话可说，又要表明我们的态度和立场。

沟通并不是一件简单的事情，高情商的人能够游刃有余，就是因为他们掌握着许多技巧。懂得"话中有话"就是其中的一项重要技巧，识别对方的"话中有话"，合理运用"话中有话"，将会让沟通更加轻松，同时也能让我们远离沟通陷阱。

言多必失，高情商少说话

聊天是一门学问，决定这门学问水平高低的就是情商。有的人说话会让人感觉如沐春风，有的人则会让人敬而远之。如果在不合适的场合说了不合适的话，这些话语就会像锋利的刀刃一样，割破人与人之间的情感联系。

高情商的人很会说话，但很少说话，这正是情商高的一个重要表现。高情商的人拥有独特的说话之道，他们懂得少说话，懂得不让过多的话语成为引发矛盾的导火索。

《周易》中有记载："吉人之辞寡，躁人之辞众。"有德之人能够在审时度势之后，再开口说话。而躁狂的人则总想着抓紧每一分每一秒去说话，他们认为这样才能让自己内心平稳。

话语并不是越多越好。如果不考虑对象、场合，只是按照自己的意志随意表达，就会引发各种各样的问题。有人认为这是直率的表现，但其实这只是自私而已。

一次聚会，妇女主任王女士聊起了儿子的学业问题。提到儿子升学考试发挥失常，没有进入区里最好的中学时，她边说边唉声叹气，其他人纷纷安慰王女士，劝慰王女士说这次失利只是一个小挫折，未来还都没有确定呢。

正当王女士心情有些好转时，村委委员李女士却说道："我家儿子倒还不错，我都没怎么教过他，就靠自己学，轻轻松松就考上了重点高中……"李女士还想要继续说下去，王女士的脸色已经变得铁青，众人赶忙出来打圆场，结束了关于孩子升学问题的讨论。

此后，有李女士的聚会，王女士一概都不会参加。渐渐地，越来越多的人开始疏远李女士，却没有人告诉她究竟是什么原因。

李女士总是在不合适的场合说出不合适的话语，这才让其他人逐渐疏远她。"言多必失"，当我们不知道说什么，或是知道有些话不应该说的时候，选择沉默是高情商的表现。谨言慎行是一种教养。

高情商不仅仅表现为会说话，更表现为少说话。《菜根谭》中记载有："十语九中，未必称奇。一语不中，则愆尤骈集；十谋九成，未必归功。一谋不成，则訾议丛兴。君子所以宁默毋躁，宁拙毋巧。"

其意思是说，十句话中有九句说对了，未必有人称赞，一句话说错了，各种指责就纷纷到来；十次计谋中有九次成功，也未必会使人觉得你有功劳，一个计谋失败，那么各种非议责难也就接连而至。所以君子宁可静默而不愿意冲动急躁，宁可笨拙一些也不自作聪明。

做人一定要谨言慎行，不能胡乱说话，这不仅是高情商的要求，同时也是基本的为人处世之道。在不同的环境、场合，面对不同对象时，都应该言语得体。有时言语稍有不慎都会为自己惹麻烦。

情商较低的人，往往会喜怒形于色，同时也很情绪化，说话不顾及场合和对象。情商较高的人则能够谨言慎行，说话前充分考虑场合和对象，不会因为一时情绪，而不考虑言语所造成的后果。这也是情商较高的人更容易成功的一个重要因素。

人际交往，有一些话语不仅要少说，而且还要尽可能不说。

抱怨的话少说。人生在世，难免会遇到不如意的事情。抱怨本没有什么错，但如果经常将抱怨挂在嘴边，就会影响工作和生活。牢骚和抱怨并不能解决实际问题，反而会惹来一些不必要的麻烦。

胡说的话不说。胡说的话也就是胡言乱语，这些话语并没有事实根据，纯粹出于说话者的主观意志，这种话语最好不要说。当我们处于悲观情绪时，很容易说出一些不经过大脑的胡话。自言自语会加重消极情绪，对别人说则会伤害到对方。

闲扯的话少说。闲话少说，这是每个人都应该注意的问题。那些只会说闲话的人，往往缺少干实事的能力。俗话说"静坐常思己过，闲谈莫论人非"，损人不利己的闲话要少说。我们看来并没有什么意义的闲话，别人听来可能就产生不必要的误会。

狂妄的话不说。喜好说狂话的人很容易迷失自己，没有任何成功能够持续永远。与其在成功时狂话连篇，不如在成功时多多思考。"天外有天，人外有人"，拥有高情商的人很少会表现自己，更不会用一些狂话来宣扬自己。懂得收敛自己的光芒，是高情商人士的共有特征。

直白的话慎说。话说得直白并不算是错误，但直白的语言往往会很伤人。即使事实如此，也不必要将所有话语都表达出来，应该在话语中留有余地，这样才能进退自如。

　　高情商的人正因为会说话，所以才少说话。这里的少说，并不是说在正常沟通中封闭自己，让自己成为一个闷葫芦。而是说在说话前，应该分清场合和对象，在特定的场合说特定的话。在任何场合中，都不能胡说、乱说，说话要恰如其分，该说什么说什么。

　　如果我们不确定要说的话是否正确，那么就选择闭口不言。没有把握的话语，说了还不如不说。

　　高情商的人懂得说话的分寸，这种分寸既不是多说，也不是少说，而是根据场合和对象来确定话语的多少。这是十分重要的说话技巧，虽然没办法短时间掌握，但只要在具体情境中多学多练，就能够有所进步，并逐渐掌握说话技巧。

多说让人信服的话

高情商的人所说的话往往会受到更多关注，这是因为他们更容易让人信服。想要说出让人信服的话，就要依据客观事实，更重要的是真诚。

想要说出让人信服的话，不仅要用事实说话，要用真诚说话，同时也要用理智和良心说话。一个人所说的话是由心而生、发自肺腑的，他就会得到支持和赞扬。如果只是随口而来、毫无诚意，自然也不会有人相信。

高情商的又一个重要表现就是说出的话能够让人信服。语言从根本上来说，是内心思想情感的真实表达。一个人内心如何，是否有小心思、小主意，都会在语言表达中体现出来。因此，想要让别人信服，激发他人情感上的共鸣，就要首先确保内心足够真诚。

韩红经常组织医疗专家和各界爱心人士组成援藏志愿爱心车队，一次，前往西藏昌都志愿医疗后，网络上不少人评论认为韩红是在作秀，为此韩红没有辩解，只是谈论了一些亲身感受。

她说："没在西藏生活过的人，又如何能知道我的感受呢？西藏地区白内障患者非常多，尤其是老人和小孩。有的人才七八岁就开始出现白内障症状。昌都这个地方一个星期只有一班航班飞拉萨，看病非常不方便，如果去成都一星期也只有一班航班，交通特别不发达。我成立'韩红爱心复明中心'，就是要送医上门，我更希望能够在当地建立一所跟北京一样条件的高水平医院。提供高水平医疗团队的义诊，甚至免费的手术。"

韩红的话语得到了人们的理解，质疑之声也被逐渐淹没。许多网友不仅对韩红表示支持，还有不少人加入了志愿援藏团队。

韩红的情商很高，面对质疑时，她没有选择与质疑之声针锋相对，而是谈起了在西藏的亲身经历，以及成立"韩红爱心复明中心"的初衷。从韩红的话语中可以看出，她是真切感受到了西藏地区医疗基础设施不足对人们生活的影响。

她本可以选择捐一笔钱，而不需要自己亲自跑到当地，但作为公众人物，她知道自己的一言一行会产生一定的示范作用，因此，她决定身体力行，组织志愿援藏团队。这样才会有更多的人加入这场爱心活动中，而她面对质疑的发声，更让人们相信了韩红志愿援藏的真心。

所谓的说话技巧、说话之道，这些抽象的方法能够对沟通起一定作用。但根本上来讲，人与人之间的交流还是应该落到真诚之上。无论使用何种技巧，如果内心并不真诚，话语言不由衷，沟通也是无意义的。

《汉武帝内传》中有"至念道臻，寂感真诚"的记载。意思是说，人与人之间的交往，只有真诚相待，才能够感动对方，获得对方的信任。只有真诚的言辞才能够激发他人的共鸣，获得他人的信任。那些盲目认为只要拥有好口才就能左右逢源的人，不仅不会获得信任，还有可能会让人反感。

有时，真诚的语言要远胜过滔滔不绝的雄辩，更胜于虚伪的奉承。莎士比亚曾说："质朴的言辞比巧妙的言辞更能打动我的心。"在与人交往过程中，真诚的语言不仅能够让人信服，更能为自己带来不可估量的收益。

"明星工长"刁山林的故事在天津广为流传。

老刁从 2008 年开始在天津做室内装潢工作。经他装修过的家庭客户很少会投诉，在老刁的房间里，挂满了业主送来的锦旗。

一次，一位业主在装修时提出要修改设计方案。业主想要在原来装修方案的基础上，增加一面餐厅背景墙。仔细听完业主的叙述之后，老刁对业主说道："我是做装修的，你要是加装东西的话，我肯定是赚钱的。但你这个房子，客厅已经有了影视墙，如果再在相连的餐厅做一面背景墙的话，就显得很多余。一个屋子有一处亮点比较合理，亮点做多了，不仅浪费钱，效果也并不好。你呢，自己再考虑考虑，然后再做决定。"

业主觉得老刁说得很有道理，便听从了他的意见。此后，这位业主逢人就说"老刁人实诚"。凭借着一份真诚，刁山林的装修预约常常会排到第二年，他常说："无论做人做事，都必须凭良心，对得起自己，对得起客户！"

正是因为真诚，老刁才能让业主信服。做生意利益优先并没有错，但缺少真诚，丧失了良心，再好的生意也会逐渐没落。语言可以表露出内心，内心多了几分真诚，言语自然也更容易让人信服。

当然，想要说出的话让他人信服，仅仅依靠内心真诚是不够的。在沟通过程中，还需要注意以下一些细节问题：

要注意说话的立场。在特定的立场上，说出特定的话才能够让人信服。假如你是一位基层公务员，说话时就不能太过随意，同时也不能太端架子。假如你是一名医生，就要按照医生的口气，讲述事实的同时，还需要尽量照顾病患的感受。

找准了立场之后，就要在特定的立场上说出特定的话。如果连立场都找不对，就很难让人信服。一个医生与一位教师谈论教育问题，可能医生的观点并没有错误，但从立场正确角度上来说，教师的话会更容易让人信服。

要注意说话的资格。每个人都有说话的资格，但每个人说什么话的资格可能会受到一定限制。上面提到的医生和教师的例子是立场问题，而不是资格问题。关于说话的资格问题，举例来说，一个人游说其他人购买股票，如果这个人是一位股市专家，研究股市数十年，经常赢利，那说这种话是有资格的。但如果一个人才接触股票半个月，账面始终处于亏损状态，他就没有资格游说别人购买股票。

没有说话的资格，即使说了话，也没办法让人信服，这样的话说了还不如不说。说话的资格是要靠自己去争取的，股市新手在股票市场虽然没什么说话的资格，但通过长久努力之后，他也会获得说话的资格。

要注意说话的态度。相较于话的内容，我们说话时的态度更为重要。人与人不仅是依靠话语的内容在沟通，同时也是依靠情绪在沟通，合理的情绪要比合理的内容更加重要。

想要话语让别人信服，除了要保证内容真实外，还需要在沟通中传达出正确的态度和情绪。这样才能将听众带入情境，让听众一点一点地接受我们。

高情商的人在说话之前会首先思考，低情商的人说话往往不经大脑。虽然二者同样真诚，但只因为少了一些思考，话语的可信程度就会有所不同。想要多说让人信服的话，就需要在说话之前，首先思考清楚上面提到的三个问题，在明晰了这些问题的答案之后，再进行表达。

情商高不仅要会说话

一个人的情商可以体现在很多方面，从言谈举止，到为人处世，从处理问题，到面对人生。人际交往中的许多微小细节，都能够直接反映出一个人的情商。在本章中，我们主要讲述的是说话与情商之间的关系，以及高情商人士在说话方面经常使用的技巧。其实，这只是高情商的一个很小的体现，情商高并不仅仅是会说话。

不可否认，情商与说话之间有密切的联系，一句简单的对话，就有可能暴露我们的情商。一般来说，情商较高的人都很会说话。如果沿着说话这一点向外扩展，情商更像是理解别人并与别人相处的能力。在这个基础上，依然还能向外延伸情商的范围。

情商不仅包含了如何与别人相处的内容，同时也包含与自己相处的内容。但从当前时代来看，人们对情商还存在一些常见的误解。

将情商和会说话画等号，这应该是对情商的一个最为经典的误读。如果会说话就能够代表情商高的话，情商的范围可就被人为缩小了太多了。提高说话技巧能够提高情商，这种观点并没有错，但如果说只要把话说周全，就能代表情商高，这就有些颠倒主次了。

实际上，说话技巧只是情商的一小部分。高情商的人很会说话，同时还会运用各种话术表达。因此，在这里，我们将与说话相关的内容作为情商的一章来介绍。

情商高除了会说话方面，还包括如何更好地通过沟通推动事情的发展。说话只是情商的一种表现，而不是最终归宿。高情商并不是为了将话说好，而是为了顺利地沟通。

把情商单纯看作人际交往能力，也是对情商的一种误解。我们经常会遇到一些社交能力很强的人，看到他们在社交场合游刃有余的样子，便认为他们的情商也如社交能力一样高。但实际上，情商并不能完全等同于人际交往能力。

从定义上来看，情商是一种察觉情绪存在、区分情绪类型、利用情绪信息来指导决策和行为的能力。而人际交往能力则是指妥善处理、组织内外关系的能力。单从定义上就可以看出二者的不同。

情商更偏向于情绪控制，而人际交往能力更多是人际关系处理。情商和人际交往能力在范围上存在重合的地方，人际交往能力在很多时候也可以体现出情商的高低，但单纯将二者等同起来，就出现了和前面情况相同的问题。

认为情商就是心机，也是对情商的一种误读。单纯从表现上来看，情商和心机并不太容易区分。情商高的人能够控制情绪，理智表达情感。心机较深的人为了达到目的，会刻意隐瞒情绪，从表面上看这些人十分理智，但其内心往往是疯狂的。心机较深的人往往会心口不一。

我们常说的"人设"就可以算作一种心机，而不能算作情商。

大灰狼为了吃掉小红帽，伪装成小红帽的外婆，这是童话故事中的"人设"。有些明星本来不喜欢小动物，但在镜头前或微博上还经常展现出自己与小动物的亲密照片，这就是现实中的"人设"。

当说到心机这个词的时候，往往有一种贬义意味，而情商则是中性词汇。情商高的人能够管理好情绪，也能及时发现别人的情绪变化。在整个过程中，并不涉及利益的因素，情商高的人通过掌控情绪来让自己更加得体，同时也给对方以舒适的感受。心机较深的人控制情绪的目的，则是为了达到预定目标，获取预期利益。

对于情商的认识，很多人都会陷入一个误区，那就是认为擅长和各种人打交道的人就是高情商的人。这是因为情商在沟通中的作用被人为放大了。高情商的人不仅会说话，同时他们还拥有较高的思维层次，看待问题的角度也更加准确。正是因此，他们才能在适当的时间和场合利用合适的语言和行为来化解矛盾、增进彼此之间的关系。

如前所述，情商可以分为情绪察觉、情绪管理、情绪驱动、情绪理解、社交技巧五个方面。会说话也仅仅是这个五方面内容中的一个，想要真正了解情商、提高情商，仅仅学会说话是不够的。

从这五个方面可以看出，高情商更多的还是自我情绪的认知和管理。因此想要提高情商，与其全身心投入说话技巧的学习中，倒不如努力学习如何认知和管理情绪更划算一些。

拿破仑曾说："能控制好自己情绪的人，比能拿下一座城池的将军更伟大。"情商高的人在与人交往时会洞察别人的需求，怀着真诚和善良的心态，来约束和管控自己的情绪。一般来说，控制和管理情绪可以从以下几个细节着手：

首先要划定心里边界。边界感弱的人，容易在言语行为上冒犯别人。边界感强的人又容易与他人产生疏离感。只有划定清晰的心理边界，才能建立起良好的人际关系，也才能让自己的情绪更加稳定。控制情绪之前，我们需要首先控制好自己和他人之间的心理距离，找到自己的原则，也要接受他人的原则。

其次要改变抱怨情绪。抱怨可以算作一种发泄情绪的手段，但却并不是正确的手段。发发牢骚能够在一定程度上缓解心情，但实际上却是将负能量传递给了别人。情绪不好时，抱怨是无济于事的，这样不仅不会让自己的情绪有所好转，还会进一步积压负面情绪。

管理情绪首先要做的一点就是改变抱怨的习惯，将抱怨转变成为其他情绪发泄方式。将负面情绪真正清理出去，才是改变情绪的正确手段。

最后还要学会和不同类型的人相处。我们会遇到各种各样的人，有的人喜欢装腔作势，有的人则喜欢阿谀奉承。遇到讨厌的人，每个人都想要敬而远之。但我们总要与人交流，与其躲避，不如更加灵活地与对方沟通，控制好情绪。

低情商的人无法控制情绪，所以经常会喜怒无常，被负面情绪困扰。高情商的人懂得控制情绪，能够与他人更加舒适地相处，生活中也总是春风得意。

在介绍了情商与会说话之间的关系之后，在后面的章节里，我们将介绍情商在其他方面的内容。

第八章

别把善良和忍让画等号

善良需要一定的原则和底线，付出善良也需要掌握一定的方法。善良从来不是随心所欲的施舍，也不是盲目无知的付出，更不是没有原则的对谁都好。

退一步，海阔天空

古语有云："忍一时风平浪静，退一步海阔天空。"在处理一些问题或者面对一些矛盾的时候，选择以宽容的心态去对待他人，就能够把问题消除、将矛盾化解。与别人产生争执时，如果能够以博大的胸怀去包容别人，就会让自己的精神世界更加丰富。其实，这也是高情商的一个重要表现。

大多数人都听说过"退一步海阔天空"的道理，但能够真正理解其中含义的人却并不多。"退一步"既不是懦弱，也不是忍让。"退一步"往往是解决问题的最佳方法，这种方法看上去是放弃了到手的利益，实际上这种退让可能会获得意想不到的收获。

明朝正德年间，朱宸濠起兵谋反。王阳明领兵征讨，没费多大功夫就擒获了朱宸濠。立下了大功的王阳明遭到了皇帝宠臣江彬的嫉妒，认为王阳明抢走了自己建功立业的机会。江彬开始四处散布流言，他说："王阳明和朱宸濠本就是同党，后来听说朝廷要出兵征讨，才抓住了朱宸濠。"

流言还没有传开，王阳明就获知了这个消息。王阳明认为自己要退让一步，如果将擒获朱宸濠的功劳攥在手中，江彬就会不断找麻烦。如果把擒获朱宸濠的功劳让出去，就能够避免这些麻烦。为此，王阳明将朱宸濠交给了总督太监张永，并向皇帝禀报：抓到朱宸濠完全是张永和士兵的功劳。在王阳明看来，只有这样才能够封住江彬等人的嘴。

随后，王阳明告病前往净慈寺休养，张永则回到朝廷。领到了功劳的张永并没有独占功劳，而是在朝廷之中大力称颂王阳明个性忠诚和品格高尚。正德皇帝这才得知了事情的始末，免除了对王阳明的处罚。王阳明也因此避开了飞来的横祸。

王阳明将功劳拱手让出，这是自损利益的做法。但正如他所分析的一样，如果这种时候，自己据理力争，抓着手中的功劳不放，江彬等人肯定会继续恶语中伤，久而久之，皇帝也会对王阳明心生猜忌。但如果将功劳送出去，不仅能够避免江彬的中伤，同时还能够表现出自己的正直。从事件的结果来看，王阳明的做法让张永完全站到了自己这边，不仅避开了灾祸，最终还得到了皇帝的赏识。

王阳明的退让实际上是为了顾全大局，保护自己的安全。不得不说，王阳明不仅在智商上高人一等，在情商上也是出类拔萃的。即使到了当今社会，这种退让的做法也是十分值得提倡的。

人生旅途，勇往直前自然无可厚非，但遇到挫折和困难，适时退让也是一种选择。退让不仅是机智的举动，同时也需要有坚韧的毅力和忍耐，一瞬间的忍耐能够让狭窄的人生之路变得广阔无边。

退让是一种宽容，所谓宽容是指一个人在为人处世时有度量，拥有包容、克制的胸怀，做到这一点即是宽容。这种宽容并不是与生俱来的，能够宽容别人的人，正是拥有高情商的人。

拥有高情商的人懂得理解他人的难处，赞扬他人的长处，原谅他人的过错，这会让他产生强烈的凝聚力和亲和力。而低情商的人只会嫉妒他人才干，嘲讽他人缺点，指责他人失误，这就会让他显得卑微、渺小。

高情商的人不仅能够肯定自己，同时也能够认可他人。他们对人谦逊，待人真诚，不仅能够宽恕别人无意间的过失，还会为别人指出正确的道路。这不仅是善待他人的境界，同时也是善待生活的境界。

西汉晚期，胡常与翟方进年轻时经常在一起研习经书。胡常先入朝为官，但其声誉却并不如后为官的翟方进好。胡常十分忌妒翟方进的才能，每当与他人议论时，胡常就会说翟方进的坏话。这些坏话很快传到了翟方进的耳边，但翟方进并没有以牙还牙给予反击。他想出了一个退让的办法。

每次胡常召集门生讲解经书时，翟方进就会主动派门生到胡常那里请教疑难。他要求这些门生真心实意地请教，并认认真真地做好笔记。时间一长，胡常便明白了翟方进是在有意推崇自己，这让他感到无比愧疚。此后，胡常不仅不再去贬低翟方进，还到处赞扬他的品格。翟方进依靠自己的真诚和宽容，化解了与胡常的矛盾。

退让是一种人生修养，尖酸刻薄的人往往会遭到鄙视，宽容大度的人则会受到赞扬。退让的背后，是宽容的爱心，正是这种宽容缓和了人与人之间的矛盾。

面对非议和责难时，如果选择与对方争辩，或者是反唇相讥，只会事与愿违，造成恶性循环的结果。反过来，如果能够冷静、忍耐，去谅解对方，就能够取得冰释前嫌、握手言和的结果。

退让还可以是一种思考的方式。有人将以退为进作为武器，有人将有退有守作为一种战略，但实际上，从当前社会发展的角度来看，退让更应该是一种思维方式。通过退让，我们的视野能够更加宽广。通过退让，我们能够达到一种前所未有的境界。

一位记者采访易中天，记者问道："好多人对您存有异议，您介意吗？"易中天并没有直接回答记者的问题，他说："如果厦门刮台风，你觉得我会介意吗？我介意也会发生，不介意也会发生，所以说，这根本就不是我介意不介意的问题。"

事情确实如此，很多事情并不是自己能够控制的。事情已经发生之后，再去自怨自艾，倒不如从容面对。退一步可能会更好地解决眼前的问题，向前走只会让事态更加严峻。

从宏观的角度来看，整个社会就是在退让中得以进步的。新事物在出现最初还存在着很多的问题，但正是因为退让和宽容让新事物得以发展。在这个基础上，新事物才迸发出了顽强的生命力，最终取代了旧事物。

高情商的人懂得利用退让和宽容将事情变得简单，将生活变得有趣。这是智慧，也是在喧嚣嘈杂的世俗生存的道理。懂得宽容的人生才会有价值，学会宽容和退让，是提高情商的一个重要步骤。

做人有时也要"零容忍"

高情商的人懂得退让和忍耐，正如前面所讲的一样。在很多时候，忍耐要比对抗更利于问题的解决。正是基于此，关于忍耐的学说层出不穷。在中国几千年的道德文化中，忍耐文化占据着重要地位。

"韩信受胯下之辱""越王勾践卧薪尝胆"，这些故事可以说是忍耐的最好例证。但也正是这些故事的存在，让人们对忍耐的认识产生了很多误解。有些时候，忍耐并不是必要的，也有些时候，是完全不需要去忍耐的。

高情商的人知道忍耐的界限，能够分清什么时候需要忍耐，什么时候不需要忍耐。对于忍耐，高情商的人会选择顺势而忍，当一件事情超出了自己的底线，就不需要再去忍耐。

朱熹曾说："事有不当耐者，岂可全学耐事？学耐事，其弊至于苟贱不廉。"他认为并不是所有的事情都是可以忍让的，有些事情涉及是非、义利的根本，这些事情就不能忍耐。一味地讲忍耐，其最大的弊端在于会让人变得卑鄙下贱、丧失节操。

第二次世界大战的爆发，在很大程度上就是忍耐导致的恶果。20 世纪 30 年代，面对德、意、日法西斯国家的不断扩张，一些奉行绥靖政策的国家，为了维护自己的利益，一再忍让着法西斯国家的侵略行为。

1931 年，日本发动"九一八"事变。1935 年，美国通过中立法。同年 10 月，意大利入侵埃塞俄比亚。1936 年，德国武装进入莱茵非军事区。1937 年 7 月，日本发动全面侵华战争。1938 年 3 月，德国吞并奥地利。同年 9 月，慕尼黑会议召开，《慕尼黑协定》签署。1939 年，德国闪击波兰，大规模战争正式爆发。

第二次世界大战的结果是惨烈的，正是一些国家的忍耐和纵容，让战争规模得以扩大。这种忍耐实际上正是推动战争发展的助力，鼓励了法西斯国家的侵略活动，加速了世界大战的爆发。

第二次世界大战为整个世界带来了深重的灾难，如果在战火刚刚燃起时就掐灭它，这场生灵涂炭的浩劫可能就会被遏制住一些。面对侵略丝毫的忍耐都是多余的。推行绥靖政策国家的决策者，智商上并没有问题，但情商上显然存在很大的问题。他们想要将战争祸水引向别人，却没有搞清楚当前的形势，以及自己所处的地位。

战争的祸水的确引向了别人，但也淹没了自己。那些奉行绥靖政策的国家，有的遭到了灭顶之灾，有的被打得毫无还手之力。这都是由于不该忍耐而忍耐导致的结果。面对侵略，需要"零容忍"。

面对一些人或事，能够通过忍耐解决问题、化解矛盾自然是好事。但如果忍耐会加重事态发展，就万万不能盲目忍耐。

对于那些心怀怨恨，恶意抨击别人的人，是不需要忍耐的。对于那些不顾他人利益，践踏他人尊严的人，也是不需要忍耐的。那些不断挑战别人底线，扰乱别人生活的人，更是无须忍耐的。在面对这些人的时候，就需要做到"零容忍"，反抗才是唯一解决问题的方法。

一味地忍让会失去自我保护的能力，面对很多事情的时候都会无法反抗，最后成为别人欺压的对象，沦落为一个失败者。高情商的人很清楚这一点，他们在忍的时候，其实想着的却是"忍不了"。为此，他们会用尽各种方法来反抗。

章子怡的个性并不像传统中国女性，她更好强更大胆。2010年，她的日子并不好过，一系列事件让她成为别人口诛笔伐的对象，一时间她似乎陷入了无底的深渊。正常来说，遇到一些负面事件，选择息事宁人，待风波平静之后，再出来道个歉，事情也就过去了。但章子怡并不想这样做，她不能忍受自己成为一个失败者，也不能忍受别人对自己的无端指责和污蔑。

她并没有把自己的精力用在说"对不起"上，而是继续投入自己的演艺事业。作为演员，这是她的本职工作，也是她证明自己的唯一手段。最终，章子怡凭借宫二这一角色重新回到了大众视野之中，这一次回归她用十多个影后奖杯证明了自己。那些质疑和指责她的声音也开始逐渐消失，章子怡用实际行动做出了反抗。

一个人过于善良，过分忍让，就会让自己迷失在指责和非议中。

过分忍让不仅放弃了自己的合理利益，也放弃了应有的尊严。

过分忍让只会让压迫更加严重，同时也会让自身陷入无力还击的地步。当前社会正处于高速发展时期，人们的思维模式也随之发生了较大变化。基于这种情况，人们对整个社会的认知也应该随之发生改变才对。

但可悲的是，仍然有很多人不知道如何与他人相处，更没有办法为自己确立一个好的定位。这种情况往往会导致两种结果，一种是一味忍让，一种是暴躁无礼。暴躁无礼自然是不对的，一味忍让也是错误的处事之道。

那些鸡毛蒜皮、无关痛痒的小事是可以忍耐的，但如果一件事情涉及原则和底线，就不能再继续忍受下去了。有人将忍耐比作一口深井，陷得越深就会越难出来，这样就会逐渐丧失自身生存的自由度。

真正拥有高情商的人，既不会压迫别人去忍耐，同时也不会让自己处于忍耐的深井之中。高情商的人懂得区分事情的利弊，明白有些事情忍一忍就过去了，而有些事情必须要"零容忍"。他们知道对于那些不懂得尊重别人的人，过分忍让只会换来变本加厉，只有对这些人"零容忍"，才能维护自己应有的权利，赢得他人的尊重。

高情商要善用善良

伯特兰·罗素曾说："若理性不存在，则善良无意义"，其意思就是说善良必须要在理性的基础上使用，如果缺少了理性，善良也是毫无意义的。

善良的人有很多，但真正懂得善用善良的人却没有那么多。高情商的人懂得善用善良，他们不会轻易施舍自己的善良，这并不是吝啬和自私，而是经过深思熟虑之后的聪明之举。

我们从小受到的教育就是"做人要善良"，有能力帮助别人的时候，就要力所能及地帮助别人。这的确是正确无误的价值观，但随着社会的发展，人际关系越来越复杂，对于这种正确的价值观在很多情形下也需要合理使用。

毕淑敏曾在文章中讲一个朋友的故事。她的朋友本是一位乐善好施的人，但每次遇到路上的乞丐，她却很少解囊相助。毕淑敏感到很诧异，便问她为什么不给这些乞丐一些钱，帮一帮他们。

这位朋友的回答让毕淑敏恍然大悟，朋友说道："我不是不帮助别人，我只是不想帮助这些有胳膊有腿，却双膝跪地不想站起来自己挣钱的人。如果有人给他们钱，他们一辈子都会这样跪着要钱。你说这是帮助他们吗？"

仔细想来，在当今社会，找工作确实是个难题，但什么样的人又会找不到一个能维持温饱的工作呢？别说这些四肢健全的人，就是身体有残疾的人，也能够依靠自己的努力挣到吃饭的钱。那些依靠乞讨谋生的人放弃了自尊和站起来生活的能力，如果给予这些人施舍，就会让他们继续沉沦下去，一辈子都跪在地上。

看似善良的举动却会"纵容"这些人继续沉沦下去，这并不是真正的善良。真正的善良是帮助对方脱离困境、逐渐成长，而不是帮助对方继续消沉、堕落下去。我们想要帮助吸毒的人，给他毒品他会感到很舒服，但这并不是帮他，这也不是善良。送他去戒毒，他会痛苦不已，但这是在帮他，这才是善良。

一群游客来到神秘的可可西里游玩。不远处，一只小藏羚羊正在好奇地注视着这群人。游客也看到了这只可爱的小动物，一时间骚动起来。有的人举起相机上前拍照，有的人拿出食物要把小动物吸引过来。

不远处的小藏羚羊开始试探性地向着游客走来，突然，一声怒吼，小藏羚羊被吓得迅速跑开，消失不见。游客转身寻找声音的来源，原来是禁猎区的保护队队长在大吼。

游客生气地质问道："你这是干什么？我们想要亲近一下小动物怎么了？"队长依旧在大吼："你们这是亲近吗？你们这是在造孽！如果你们对待这些动物太过友善，它们就会认为所有人类都是善良的。一旦遇到盗猎者，这些动物跑都不会跑，全部都会被杀。你们这是善良吗？"队长的一番话问得游客一脸茫然，没有人能够给出回答。

如果我们的善良成为伤害，那这种善良还有什么意义。真正高情商的人知道自己的善良会造成什么样的后果，所以他们会善用自己的善良。"君子有所为，有所不为"，高情商的人知道什么样的善良可为，什么样的善良不可为。

人们常说善良是一种智慧，这种说法似乎将善良归入了智商的范畴。实际上，善良应该属于情商范畴。《颜氏家训》中记载有："墨翟之徒，世谓热腹。杨朱之侣，世谓冷肠。肠不可冷，腹不可热。当以仁义为节文尔。"

颜之推在教育子女时认为：像墨子那样提倡兼爱的人，就叫热腹，这种人有些过于热心了。而像杨朱那样自私，就叫作冷肠，这种人就有些太过无情了。无论是冷肠和热腹都是极端的做法，正确的做法应该是"肠不可冷，腹不可热"，一切以仁义为标准。

《颜氏家训》中将"仁义"作为助人的基本准则，善良也需要拥有一定的准则。除了前面提到的要善用善良外，真正的善良还需要拥有底线和原则，一旦面对的事情超出了自己心中的底线，就要克制自己的行为，过度的善良不仅会危害别人，同时还会危害自己。

农夫与蛇的故事中，农夫出于善良救了蛇的性命，蛇却出于本性吃掉农夫。农夫的善良就用错了地方，农夫的善良不仅让自己丢了性命，同时还可能会危害别人的性命。所以说，善用善良是十分必要的。

真正的善良并不是一味付出，没有见识的善良只会助长邪恶。正如罗素所说的，如果理性不存在，善良也就无意义一样。付出善良的时候，要首先学会理智看待眼前的人或事，要学会思考和辨别。

付出善良之前，需要思考，这时的思考要站在对方的角度上。正如游客亲近小藏羚羊，给藏羚羊喂食，看上去是善良之举，但他们在付出善良之前并没有思考，更没有站在藏羚羊保护的角度去思考，这才使得他们的善良变成了错误的行为。

"勿以恶小而为之，勿以善小而不为"，高情商的人知道善良是发自内心的情感。这种情感有时会具有一定的自发性，当看到一些人物和事件时，善良的情感就会油然而生。高情商的人同样懂得控制这种情感，如果这种善良会对别人造成困扰或伤害，他们就会克制自己的善良。

善良并不是一件容易的事情，错误的善良不仅伤己，还会害人。因此，我们必须要善用善良。

别让你的善良变成"狗粮"

　　一个小村庄，有一穷一富两户人家，其中一户人家的条件要比另一家富裕很多。一年，天降灾祸，两户人家的庄稼都颗粒无收。富裕人家买了很多粮食，看到穷人家没有粮食下锅，便给穷人家送去了一斗米。

　　穷人家收下了富人的米，并称富人是救命恩人。但当富人走后，穷人家的兄弟便抱怨起来："这一升米能干什么？根本不够一家人吃的，这个人也太过分了，既然这么有钱，就应该多送我们一些粮食，才给这么一点点，真是太吝啬了。"

　　穷人兄弟的这些话很快传到了富人的耳朵里，这让富人十分生气。在富人看来，自己白白送给穷人这么多粮食，不仅得不到感谢，反而被认为吝啬，自己真是将善良喂了狗了。此后原本关系还不错的两家人，因为一斗米的问题，变成了仇人。

　　"滴水之恩，当涌泉相报"，这是每个人都应该明白的道理。一个人在饥寒交迫的时候，你给他一碗饭、一口水、一件衣服，就是解决了他的大问题。受到帮助的人应该感恩戴德才对，但如果你继续给他米饭、给他衣服，他就会觉得是理所当然的。一碗饭不够，两碗饭也不够，再多的饭在他看来也是少的。

生活中经常会出现这样的情况。当我们第一次为别人提供帮助时，他会心存感激。当我们第二次向他提供帮助时，他感激的心理就会淡化。帮助他的次数越多，他就越认为帮助他是我们应该做的事情。甚至当我们停止帮助时，他便会对我们心存怨恨。

在面对这种情况时，我们就要收起善良，一味付出善良，最后却遭人记恨，这是得不偿失的。人的善良一定要有限度，如果无限制地付出善良，善良的效果就会大打折扣。

俗话说："人善被人欺，马善被人骑。"善良是优点，更是珍贵品质。但有些时候，善良也会成为弱点，如果将善良用到了错误的对象身上，这种善良会威胁到自己的生命安全。

一个大雨天，一位孕妇在阳台看到家门口有个乞丐在淋雨。出于好心，她邀请乞丐到自家院子里面来避雨。乞丐很感激这位孕妇，当进入孕妇院子时，他发现只有孕妇一人在家，而且从装饰中能够看出这户人家非常有钱。

乞丐吃过饭之后，并没有直接离开，而是威胁孕妇给自己一笔生活费。孕妇显然没有预想到这种情况，为了保护自己的安全，只得拿出一万块钱交给乞丐。乞丐拿到钱之后，又挑了几件看似值钱的东西，便离开了孕妇家。孕妇的善良并没有得到好的回报，而是让自己遭受了不小的损失。

孕妇的善良并没有错，只是这种善良交给了错误的对象。如果换成了别的乞丐或者是别人，孕妇的善良可能会被记住和感谢。当然，如果在付出善良之前，还要去分析受帮助者是否值得帮助，这种善良也就太过复杂了。上面的故事只是告诉我们，做人不能过分善良，过分善良只会伤害到我们自己。

真正的善良要留给知道感恩的人，而不是将善良接受得理所当然，并且得寸进尺的人。盲目的善良和过分的善良都是不可取的，不想让自己的善良喂了狗，就要将你的善良留给那些懂得感恩的人。

善良需要一定的原则和底线，付出善良也需要掌握一定的方法。善良从来不是随心所欲地施舍，也不是盲目无知地付出，更不是没有原则地对谁都好。想要让善良真正绽放光芒，付出善良时，需要先考虑好以下几个问题：

在付出善良之前，首先要思考的一个问题就是接受善良的对象是否正确。这种正确需要从接受善良对象的实际情况出发去考虑。俗话说"救急不救穷"，如果一个人没有钱是因为嗜赌成性，那这种穷人并不值得帮助。如果将善良交给了这种人，不仅不会得到感谢，反而会招惹到不小的麻烦。

其次，付出善良要懂得节制。不可否认，大善人是真实存在的，生活中更多的还是"老好人"。"老好人"对于别人来说是真的好人，但对他自己来说，却并不那么好。"老好人"在付出善良的时候毫无节制，无论自己是否有能力，无论这种善良是否会对自己造成影响，"老好人"都会毫不犹豫地付出善良。

"老好人"往往是被欺负的对象。付出善良时缺少节制，善良就会变成负担。即使哪一天这种善良让我们劳累，让我们无法继续坚持下去，也不会有人知道，更不会有人理解。因为长时间地付出会让人感到理所当然，也会让一些人越发得寸进尺。

每个人都应该善良，但善良的同时应该保持警惕。毫无原则的善良不仅容易伤害别人，也容易伤害自己。善良需要有底线、有原则，不能不分青红皂白地对每个人都无条件地好。

有人说我们的善良要带一点锋芒，这种善良的锋芒就是原则。真正的善良并不是软弱和退让，而是不主动伤害别人，懂得适可而止。

高情商要会说"不"

喜剧大师卓别林曾说:"学会说'不'吧!这样你的生活就会美好得多。"人际交往中,高情商的人善于通过说"不"来减少交际负担,而普通人则总是因为不会说"不",而让自己陷入被动。

经常有人会因为不会拒绝别人而烦恼,尤其是自己的事情还没处理完时,又要花费时间和精力去应对别人的请求。其实,这种时候他们只要说一声"不",就会摆脱这种烦恼,但是他们却说不出这个"不"字,由于怕伤了双方的感情,所以即使对方的请求会让自己烦恼,他们也会硬着头皮去完成。

一天早上,小王正要去上班,隔壁邻居拦住了他。原来,邻居的女儿将作业本忘在了家中。小王开车上班正好要经过学校,邻居想要让小王帮忙把作业本带给自己的女儿。起初小王有些犹豫,去送作业本是件小事,但今天早上小王要接待一位客户,需要提前到公司准备。邻居看小王有些犹豫,就又说了很多拜托的话。小王感到很无奈,只得答应邻居的请求。

到了学校，小王找了很久都没有找到邻居的女儿，最后在门卫师傅的帮助下，才将作业本交到了邻居女儿手中。但当小王到公司的时候，客户已经早早在公司等待了。小王只得连连向客户道歉，而这些事情都被公司老总看在了眼里。

大多数人应该都有过与小王相似的经历，因为不好意思拒绝别人的请求，而影响了自己的正常工作和生活。很多人都明白其中的道理，但为什么还是无法说出心中的"不"呢？是因为害怕别人说自己冷漠、自私，还是害怕伤害了彼此间的感情，失去身边的朋友？这之中的原因，可能也只有当事者自己才清楚了。

一般来说，缺乏自信和自尊的人大多不会说"不"，他们会感觉别人的需求比自己更重要。这种想法继续发展，就会出现恶性循环，最终让人变成一个"取悦别人"的人。这种时候，个人价值的体现就需要依靠替别人做事来实现，长此以往，不仅会让自己感觉到压迫和烦躁，同时耗尽我们的精力。

高情商的人懂得用"不"来回避那些自己不想做的事情，这样不仅节约了时间，还能够防止无端浪费精力。

其实说"不"并不是一件难事。对于别人的请求说"不"，看上去是不近人情的做法。但如果方法得当，也能够轻松化解彼此之间的尴尬，丝毫不会伤及双方的感情。

一位英国军官多次请求首相狄斯雷利加封自己为男爵。狄斯雷利知道这位军官才干出众，他们之间的关系也向来不错。但狄斯雷

利也清楚，这位军官并不具备加封男爵的条件，所以不能答应他的
请求。

狄斯雷利邀请这位军官来到自己的办公室，他对军官说道："朋
友，非常抱歉我不能给你男爵的封号，但是我能够给你一件更好的
东西。"说到这里，狄斯雷利放低了自己的声音："我会告诉所有人，
我曾多次请你接受男爵的封号，但都被你拒绝了。"军官开始并不明
白狄斯雷利的意思，但很快他便欣然接受了这件"好东西"。

狄斯雷利很快便将这位军官拒绝接受男爵封号的消息传了出去，
所有人都称赞这位将军的谦虚无私、淡泊名利。这也使得这位军官
所获得的尊敬，要远比任何一位男爵还多。因此，这位军官非常感
激狄斯雷利，成为狄斯雷利最为忠诚的伙伴。

狄斯雷利所遇到的显然也是一件麻烦事，一方面是好友的恳切
请求，另一方面是国家法令制度的严格规定。狄斯雷利决定按照规
矩办事，但也不想伤害与朋友之间的感情，因此，他选择了一个巧
妙说"不"的方法。

狄斯雷利并没有直接拒绝朋友的请求，而是向朋友提出了更为
合理的建议。拒绝朋友之后，又想到了一些别的方法作为补偿和替
代。事实证明，狄斯雷利的建议和补偿方法达到了效果，不仅满足
了朋友的意愿，更加深了双方的感情。

高情商的人在说"不"之前，都会首先分析当前情境，面对不
同的情境，需要选择不同的说"不"方法。除了方法不同，说"不"
的技巧也是不同的。一般来说，说"不"的技巧主要有以下几种：

第一，要温和坚定地说出"不"。这种说"不"的技巧很好理解，但有一些重要的细节需要注意。对方表达请求的时候，我们一定要认真仔细地倾听，这是第一个重要细节，要让对方将请求说完，这是最起码的尊重。

当对方表达完请求后，如果我们认为这种请求无法满足，那就要用温和而坚定的态度去说"不"。直截了当拒绝别人，可能会让对方一时之间不好接受。这时就需要温和地向对方解释，在沟通过程中要让对方产生"可能要被拒绝"的预感，做好被拒绝的心理准备。

说"不"时，一定不能伤害到对方的自尊心，要让对方明白，我们之所以说"不"是迫不得已。对于说"不"这种行为，我们也感到十分抱歉。说"不"的语气越温和，越容易减少对方内心的不适感。

第二，要诱导对方自己说出"不"。如果我们没办法对对方的请求说"不"，不如让对方自己说出"不"。罗斯福在海军任职时，一位朋友曾经向其询问海军的情况。因为事关机密，罗斯福不便告知。为了委婉地表示拒绝，罗斯福四下看了一看，然后低声对朋友说："你能保密吗？"朋友说："当然能！"罗斯福又迅速说道："你能，那我也能。"

罗斯福跟朋友开了一个玩笑，最终让朋友主动放弃了请求。虽然操作起来有一定的难度，但这种诱导对方自己说出"不"的方式是十分有效的。

第三，要先同意然后再说"不"。有时，对方的请求并不是我们完全无法做到的，只是因为一些自身条件的限制而影响我们去完成这些请求。因此在面对一些请求时，我们可以先表示理解，然后再婉言谢绝。

举例来说，如果对方邀请我们晚上去 KTV 唱歌，我们就可以先说："我好久都没去唱歌了，正打算最近去呢。"这一句是对邀请表示认可和接受。随后我们可以说："可是今天我晚上需要加班，可能要到很晚，没办法和你一块儿去了。"这一句便委婉地拒绝了对方。

第四，要以避实就虚的方法说"不"。避实就虚就是要避开对方提出的实质性请求，故意用模棱两可的语言给出回答。这种回答往往具有很大弹性，不仅无懈可击，而且还能达到在要害问题上拒绝作答的目的。

如果对方的请求超出了我们承受的范围，或者显然就是在想办法为难我们，那就应该利用这种避实就虚的方式说"不"。

第二十四届汉城奥运会上，记者采访中国代表团团长李梦华，问道："这一次中国能拿几块金牌，能够超过韩国吗？"李梦华说道："10 月 2 日以后，你们肯定能知道。"李梦华本应该拒绝回答这种问题，但直接拒绝可能会有损国家形象。因此，李梦华采取避实就虚的方式，委婉地说出了"不"。

对别人说"不"是一门学问，在说"不"之前不仅要摆正心态，同时也要掌握好技巧。高情商的人将说"不"作为策略，这种策略往往能够取得预期的效果，让他们在人际交往之中游刃有余。

拒绝也可以很优雅

拒绝别人是一件难事，其难点就在于无论选择哪种方法去拒绝，都会伤害到对方。如果不去拒绝别人，感情是维护了，却为自己招来了不小的麻烦。所以拒绝别人这件事还是要去做的，做好这件事的关键就在于如何让我们的拒绝变得优雅。

高情商人士的一个重要表现就是在人际交往中，能够做到大方得体、左右逢源。做到这一点并不仅仅是因为他们善于去亲近别人，更重要的是他们善于去拒绝别人。人生在世，拒绝别人是在所难免的，与一般人不同，高情商人士懂得让自己的拒绝变得优雅。

新加坡女作家尤今生病休养时，经常会有朋友们来探病。虽然大家是出于关心尤今的病情，但为了照顾朋友，尤今根本没有办法安心养病。因为得不到良好的休息，尤今的病情不仅没有好转，反而加重了一些。

为了安心养病，尤今决定拒绝朋友的探访，为此她想到了一个有趣而又有效的办法。她主动给一位要来看望她的朋友打电话，在电话中得知这位朋友当晚就要来探病，尤今说道："你的好意我很感动，可是我动手术的那个部位实在不方便让你看到。"对方听完尤今的话后，笑着说道："那好，那我就先不过去打扰你了，等你病好了我再去看你。"

简单的几句话，尤金便拒绝了好友来探病的好意。尤金采用的方法很有效，这种有效不仅是因为成功阻止了对方前来探病，更为重要的是，这种拒绝并没有伤害尤金与朋友的感情。从这件事中，就可以看出尤金是一位高情商的人。

拒绝别人的方法有很多，在不同的情形下，需要有针对性地使用。如果对方的要求很显然是为了给我们制造麻烦，拒绝起来会十分容易。但如果对方并没有恶意，只是想要向我们寻求帮助时，拒绝就要选对合适的方法，处理不好，不仅会伤害对方的自尊，也会影响双方的情感。

想要让我们的拒绝更加优雅，就要注重拒绝过程中的细节。拒绝别人常常要处理好一些细节上的问题，一般来说，这些细节问题主要包括以下几方面内容：

拒绝别人时，要给对方留台阶。当一个人有求于别人时，其内心往往是惴惴不安的。每个人都有自尊心，如果请求一开始就被拒绝，其自尊心势必会受到损害。这样就会加剧其内心情绪的波动，进而引发强烈反感，产生许多不良后果。

因此，即使我们想要拒绝对方的请求，也不要在一开口就拒绝。我们应该尊重对方，最基本的尊重是要将对方的请求听完，不要等对方还没有说完话，就急着拒绝。

拒绝别人时，态度一定要真诚。无论怎样拒绝别人，都会让对方失望，这是确定无疑的。相比于直接拒绝，选择更为委婉的方式显然要更合适。不管使用哪种方法，态度都要真诚。听完对方的请求后，我们要表达出自己的理解，并详细向对方表明自己的实际情况以及拒绝的原因。诚恳而有技巧的拒绝会获得谅解，还能给对方留下好的印象。

拒绝别人时，要让对方明白我们的处境。当别人请求我们帮助时，他们考虑更多的是自己当前的处境，很少会考虑我们当前的处境，以及这种请求会给我们带来的麻烦和风险。因此，对于这种情况，我们需要实事求是地讲清楚我们的现实处境，以及这种请求可能产生的不良后果。

只有这样才能将对方拉入我们的立场中，让他站在我们的角度做出判断。有时候，对方会因为其中的利害关系放弃请求。即使对方不放弃自己的请求，通过这种方法我们也表明了自己的立场。这种时候对方如果仍然执意要求的话，我们也会更好拒绝一些。

拒绝别人时，要降低对方对我们的期望。一般来说，请求我们帮助的人，都像是觉得我们有能力提供帮助，对我们抱有很高的期望值。这类人一般很难拒绝，如果拒绝时，我们过多地夸耀自己，对方对我们的期望值就会更高，这就进一步增加了拒绝的难度。

因此，拒绝别人最好的方法就是降低对方的期望值。在拒绝过程中，适当多说一些自己的短处，多讲一些别人的长处，就会将对方的期望转移到别人身上。这样不仅能够达到拒绝的目的，还能够为对方找到一个更为可靠的请求对象，拒绝别人的负面结果就可能会极大减少。

拒绝别人时，要让自己站到有利位置上。很多人在拒绝别人时，都会让自己处于被动位置。我们很难预测什么时间有什么人会对我们提出请求。对方一旦提出请求，我们就一定要给出答复。如果我们能够主动找到对方提出拒绝，就会为自己争取一些主动权，至少能够让对方看出我们对请求是重视的，只是能力有限，所以才会拒绝。这种做法能够很好地减少拒绝别人所产生的负面效果。

为了让拒绝能够获得更好的效果，减少其所产生的负面影响，在拒绝时一定要注意细节问题。很多人在寻求帮助时，其精神和情绪就已经高度敏感，如果这时我们再直接拒绝对方的请求，就会让对方的精神和情感受到伤害，进而影响双方的关系。

情商高的人拒绝别人时，会站在对方的立场上思考。因为更关注对方的感受，所以在拒绝时会选择更加合适的方法。但不论哪种方法，都会涉及上面所提到的各种细节问题。如果处理好了细节问题，即使直接拒绝别人也容易得到对方的谅解。

健康的个人边界

　　在了解拒绝的方法之前，我们首先要了解一下"个人边界"这个概念。了解这一概念有助于我们更好地完成"拒绝"这个动作，同时还能维护好双方关系。

　　所谓个人边界，就是指我们建立起来的身体的、情感的、精神的界限，这种个人边界是用来保护我们不受他人操纵、利用和侵犯的。具体来说，个人边界更像是我们常说的原则和底线，了解了个人边界，就知道我们能够接受什么，不能够接受什么。在此基础上，我们就知道什么事情是一定要拒绝的，而什么事情是不必要拒绝的。

　　拥有健康个人边界的人会对自己的行为和情绪负责，而不是对别人的行为和情绪负责。拥有不健康个人边界的人往往会把别人的需求和感受看得比自己更重要，因此在拒绝别人时，会感觉到愧疚，导致自己心情不好。

　　因此，在尝试拒绝前，我们首先要调整好个人边界。每个人都需要为自己的人生负责，当拥有健康的个人边界时，我们就会知道拒绝别人是在对自己负责。而拒绝别人的原因就是对方进入了自己的个人边界，这样来想，我们的内疚感就会有所减轻。

个人边界主要包括两个层面上的内容，一个是身体上的，一个是心理上的。

身体层面上的边界主要是出于个人物理空间上的考虑，其主要通过衣着、住所、噪声容忍度等具体内容来表达。一个简单的例子，当一个陌生人距离我们太近时，有些人的第一反应是向后退，这便是我们在用非言语的方式来保护自己的边界。

心理层面上的边界主要是为了在信仰、观念等方面不受其他人的影响。简单来说，如果别人拿了我们的东西，让我们感到不高兴，这就是心理边界在起作用。

健康的个人边界应该是清晰的、合适的、坚固而灵活的、具有保护性的、非攻击性的、为自我建立的。只有具备了这些特征的个人边界，才是健康的个人边界。

一般来说，个人边界可以分为四种不同的风格，分别是柔软型、刚硬型、海绵型和灵活型。这四种风格的个人边界，只有灵活型才是健康的个人边界。

第一种是柔软型个人边界。正如其名称描述的一样，拥有柔软型个人边界的人，就像面团一样，能够轻松融入其他人的边界，同时也容易被他人影响和控制。拥有这种个人边界的人，很难对别人说"不"，很难去拒绝别人的请求，这也是这类人容易被人操纵和利用的重要原因。

第二种是刚硬型个人边界。拥有刚硬型个人边界的人往往是封闭的，他们很难相信别人，因此也很少有人能够真正靠近他们。这不仅表现在身体层面上，同时也表现在心理层面上。

当然，也有一些拥有刚硬型边界的人，他们并不是在所有情境下都处于封闭状态。虽然大多数人的靠近会让他们不舒服，但少数人的靠近，他们还是可以接受的。这些人的个人边界往往会因时间、地点或环境的改变而变化。

第三种是海绵型个人边界。这种类型的个人边界，介于柔软型和刚硬型之间，算是这两种类型的一个混合体。拥有这种类型个人边界的人往往是矛盾的，他们本身对个人边界并没有清晰的认识，不确定应该将什么纳入自己的边界，也不知道该将什么排除在边界外。他们有时会担心冒犯到别人，有时又会担心没有与别人建立连接。

第四种是灵活型个人边界。这种类型的个人边界才是最理想的。从具体表现上来看，这种类型的个人边界与刚硬型和海绵型类似，但不同之处在于，拥有灵活型个人边界的人能够自己控制边界，他们可以让自己想要的东西进入边界，也可以将自己讨厌的东西隔绝在边界外。他们能够抵御情感上的感染和控制，进而防止被其他人利用。

了解了个人边界的不同类型后，就要尝试去建立健康的个人边界。灵活型的个人边界是最为理想的个人边界，所以我们要建立自己的灵活型个人边界。一般来说，建立灵活型边界，可以从以下几个方面尝试：

第一，明确自己拥有建立个人边界的权利。建立个人边界的过程也是自我保护的过程，每个人都有权利保护自己的隐私，有权利拒绝别人。只有建立清晰明确的个人边界，才会受到尊重。个人边界混乱不仅容易被别人感染和控制，还容易去冒犯其他人的边界。因此，拥有健康的个人边界既是对自己负责，也是对他人负责。

第二，分辨出自己无法接受的行为。建立个人边界的过程中，回想一下自己经历的场景，想想这些场景中的行为，哪些是自己无法接受的。记录下不同情境中发生的事件，然后再思考是什么因素阻止了你的行动。仔细思考能够表明自己个人边界的话，当再次出现相同情境时，将其表达出来。

第三，要清楚别人的需求并不一定比自己重要。偶然情况下，我们会将别人的需求看得比自己更加重要，因而会将自己放在次要位置。想要建立健康的个人边界，首先要学会将自己放在首要位置，只有自尊自爱，才能得到别人的尊重。一味迁就别人，只会失去自我。

第四，学会使用拒绝的技巧。提高个人坚定感能有效表达自己的感受，也能为自己设置边界，更好地拒绝别人。一般来说，在拒绝别人时，需要做好三件事情。

首先，承认对方的处境。当我们准备拒绝时，要站在对方的立场上，表达出对方被拒绝后的不适感。

其次，坚持自己的主张。在表达拒绝时，要做到清晰、具体和直接。具体而坚定的拒绝能够减少对方的不适感。

最后，告知理解和关心。在表达拒绝时，要告知对方你正在为他着想，表现出自己的理解和关心。

健康的个人边界能帮助我们接受自己的选择所带来的结果，收获这种选择所带来的益处。更为重要的是，拥有健康的个人边界，不仅能对自己负责，也可以对他人负责。

别让自己那么好说话

"你越厉害，别人越巴结着你说话。你越好说话，别人越欺负你。"这句网络流行语似乎已经成为人们的座右铭。乍看上去，这句话似乎过于偏激，但放在现实生活中，这句话却也蕴含着些许道理。有过亲身经历的人，更会觉得这句话是非常写实的真理。

过分善良会遭人欺负，太好说话也是如此。有些人专喜欢挑那些软柿子捏，而有些人则喜欢挑闷葫芦欺负。太好说话的人往往不懂得拒绝别人，结果只会被别人的请求所牵绊。更为严重的是，当自己实在撑不下去的时候，因为说话得罪了别人，努力就会付之东流。

有时，我们的善良会被别人利用，我们的好说话会成为好欺负的标签。

林先生家楼下住着一户人家，几年前这户人家的小孩整夜哭闹，扰得林先生无法安睡。碍于邻里关系，林先生并没有过分追究。前两年，这户人家多次找到林先生，认为林先生一家睡得太晚，打扰到了自己，并且要求林先生过了九点就上床休息。同样碍于邻里关系，林先生答应了请求。

一年前，楼下住户又找到林先生家，原来是林先生两岁的儿子玩玩具打扰了他。邻居家男人不仅恶狠狠地辱骂林先生的夫人，同时还动起手来。林先生赶到家后报了警，警察也只是批评教育了一下，对方道了歉，林先生便没有继续追究下去。

这个夏天，楼下住户又来找林先生，理由是林先生家的空调声音过大。为此，林先生更换了新的空调，而且在大多时间都尽量不使用空调。但让人没有想到的是，一天晚上，林先生家有如地震一样轰隆隆地响。仔细寻找后，林先生发现是楼下住户在天花板上安装了一个噪声发生器。

林先生报警寻求帮助，警察却让林先生找环保部门。找到环保部门，又让去找警察解决。林先生去找楼下住户理论，却没有人开门应答。这让林先生十分无奈。

一心想着维护邻里关系的林先生，就是因为太好说话，所以才处处被人欺负。林先生的故事并不是个例，生活中这样的例子简直数不胜数，正应了上面那句话，你越好说话，别人越欺负你。

那些好说话的人，并不是软弱或怯懦，他们只是希望能够平和地解决眼前问题。你尊重别人，别人也会尊重你，这是每个人从小便接触到的观念。但生活告诉我们，那些好说话，懂容忍的人，往往得不到别人的尊重。这就是理论和实际的差距。

其实在生活中，没有必要非让自己那么好说话。正如上面谈到的个人边界一样，好说话是优点，能够融洽人际关系，但如果毫无底线地好说话，就会失去应有的边界。自己的工作和生活都会受到影响。

在职场中，好说话的人好欺负已经成为一个公认的潜规则。那些好说话的人有时会被别人当成傻子一样对待，当不被需要时，他们的存在就会被无视，当需要他们时，就会百般使唤。

很多人好说话，一方面是性格所致，另一方面则是缺少人际交往的必要技巧。在职场中想要改变好说话被人欺负的状况，需要做到以下几点：

第一，话可以好好说，事必须认真做。这应该是为人处世的基本态度。表面上可以好好沟通，一些细小问题也不必过分计较，但如果涉及原则问题，就一定要予以反击。无论出现什么问题，在职场中，做好本职工作都是首要任务。

第二，树立明确态度，用阳谋不用阴谋。职场中工作，一定要有明确的态度，做人的态度要明确，做事的态度同样也要明确。做事情时，要正大光明。职场从来不应该是勾心斗角的地方，做事要多用阳谋而不用阴谋。端正工作态度，即使再好说话，也不会被人欺负。因为背后有公司来为你撑腰。

第三，先接受任务，然后再说明情况。如果因为好说话，而被安排了不公平的事情，最好不要当场拒绝。当场拒绝会让安排工作的领导下不来台，得罪了领导，以后在公司中的日子也就不会好过了。面对这种情况，可以先接受领导安排的任务。接受之后，要明确表达出自己并不能真正接受这种不公平的安排，但由于是领导布置的任务，所以必须要接受。这样一来，既给了领导面子，又给领导留下了好印象。

第四，说到的事情就一定要做到。想要增加职场中的存在感，就要说到做到。要给其他人留下说到做到的印象，这样就会淡化自己好说话的形象。否则，虽然自己依然好说话，却能让人觉得很强势，这样也就没人会再无事生非，来找麻烦了。

无论是职场，还是生活中，好说话会给人软弱可欺的感觉。好说话的人往往缺少健康的个人边界，常常会不忍心拒绝别人。这样只会让他们在人际交往中越来越没有主动权，一个失去了主动权的人，就很难去展现自己的人格魅力。这样的人自然也就会越来越没有存在感了。

人际交往中，真正让人记住的并不是那些好说话的人。人们印象更深的是那些遇事敢决定、做事有分寸、帮人有原则的人。

太好说话在很大程度上削减了个人魅力。有人将"太好说话"称作一种病，这种病的根源往往就在我们自己身上。如果我们能够更加果断、更有原则，那么无论对方是谁，我们都能够做出自己的判断和选择，而不是经常被别人牵着鼻子走。

所以，不要让自己那么好说话，果断一些，严厉一些，收起表面的善良，找回属于自己的人格魅力。